오바마의 아프팍 전쟁

오늘날의 마르크스주의 05

오바마의 아프팍 전쟁

조너선 닐·데이비드 화이트하우스 외 지음 | 차승일 옮김

책갈피

오늘날의 마르크스주의 05

오바마의 아프팍 전쟁

지은이   조너선 닐 · 데이비드 화이트하우스 · 제프 브라운 · 아심 잔
옮긴이   차승일
펴낸곳   도서출판 책갈피

초판 발행일 2009년 8월 1일

등록   2000년 2월 21일(제6-0484호)
주소   서울특별시 중구 필동2가 106-6 2층
전화   (02)2265-6354
팩스   (02)2265-6395

ISBN 978-89-7966-067-8 03300
ISBN 978-89-7966-062-6(세트)
값 5,000원

잘못된 책은 바꿔 드립니다.

차례

◆ **아프가니스탄 전쟁이 '선한' 전쟁인가?_9**

30년 전쟁의 기원 · 11 / 지리와 종족 구성 · 17 / 위로부터의 혁명 · 18 / 소련의 점령과 이에 맞선 저항 · 24 / 탈레반의 부상 · 33 / 두 번째 점령 · 38 / 저항의 뿌리 · 43 / 네오 탈레반 · 48 / 파키스탄의 중요성 · 53 / 주 · 63 / 참고 문헌 · 66

◆ **아프가니스탄에서 철군해야 하는 이유_69**

무시당하는 아프가니스탄인들의 생명 · 71 / 아프가니스탄 발전의 특수성 · 78 / 냉전의 전쟁터 · 81 / 아프가니스탄 내전과 카스피 해 송유관 정치 · 85 / 내전부터 9 · 11까지 · 92 / 제2의 "진주만", 빈 라덴을 잡을 것이냐 아니면 더 원대한 전략을 추구할 것이냐 · 94 / 미국이 세운 정권 · 98 / 새로운 체제의 작동 방식 · 101 / 버락 오바마와 플랜 B · 107 / 주 · 116

◆ **파키스탄 — 미국 제국주의의 취약한 고리_123**

◆ **미국 제국주의의 최전선 파키스탄의 새로운 재앙_135**

아프가니스탄 주변 지도
카스피 해
우즈베키스탄
카자흐스탄
러시아
투르키메니스탄
타지키스탄
이란
중국
아프가니스탄
파키스탄
인도
오만
인도양

투르크메니스탄
우즈배키스탄
타지키스탄
이란
주즈잔
발흐
쿤두즈
바다호산
타하르
사만간
바글란
중국
파르야브
사르이폴
파르반
누리스탄
바드기스
바미얀
가피사
쿠나르
카불
라흐만
헤라트
바르다크
낭가르하르
로가르
구르
다이쿤디
가즈니
팍티야
후스트
파라
우르즈간
자불
팍티카
아프가니스탄
파키스탄
님루즈
헬만드
칸다하르
아프가니스탄 지도

일러두기

1. 인명과 지명 등의 외래어는 최대한 외래어 표기법에 맞춰 표기했다.
2. 각주는 옮긴이가 독자의 이해를 돕기 위해 덧붙인 설명이다. 또 본문에서 옮긴이가 문맥을 매끄럽게 하기 위해 덧붙인 것은 [ ]로, 저자가 덧붙인 것은 [—지은이]라고 표기했다.
3. 책과 잡지는 ≪ ≫로, 신문과 주간지는 〈 〉로, 논문과 신문 기사 제목은 " "로 표시했다.
4. 원문에서 이탤릭체로 표시된 부분은 고딕체로 표시했다.

아프가니스탄 전쟁이 '선한' 전쟁인가?[*]

조너선 닐

아프가니스탄은 극도로 가난한 나라다. 지난 30년 동안 전쟁을 치르면서 아프가니스탄인 100만 명이 죽었고 거의 모든 사람들이 친지를 잃었다. 그러나 조지 부시, [2008년 미국 대선 후보] 존 매케인, [영국 총리] 고든 브라운, [프랑스 대통령] 니콜라스 사르코지, 심지어 버락 오바마까지도 아프가니스탄에 더 많은 점령군, 더 많은 폭격기, 더 많은 죽음을 보내려고 한다.

유럽의 모든 주요 나라에서 다수 여론은 아프가니스탄 전쟁 동참에 반대한다. 그러나 대중매체들은 아프가니스탄 전쟁을 선한 전쟁이라고 보도한다. 이제 그들은 이라크 전쟁은 범죄였거나 적어도 실수였다고 인정하면서도 여전히 아프가니스탄 전쟁을

---

[*] 이 글은 J Neale, "Afghanistan: the case against the 'good war'", *International Socialism* 120(October, 2008)에 실린 글을 번역한 것이다. 선한 전쟁Good War은 제2차세계대전을 정당화하는 표현으로 사용됐고 지금은 아프가니스탄 전쟁을 정당화하는 표현으로 사용되고 있다.

'테러리스트와의 전쟁'이라고 말한다. 광신도, 지하드, 성차별주의자, 야만인 등 '근대화'하지 못해 죽어 마땅한 자들과의 전쟁이라고 말한다.

나는 이 글에서 이런 주장을 반박하고자 한다. 내 주장의 요점은 다음과 같다.

● 첫째, 2001년에 미국이 아프가니스탄을 침공하고 첫 3년 동안에는 저항이 거의 없었다. 군사점령의 모순이 저항을 낳았다.

● 둘째, 정치적으로 우익인 탈레반이 점령에 맞서 저항을 주도하는 이유는 점령을 철저히 반대하는 조직적 세력이 오직 탈레반뿐이기 때문이다. 또한 1980년대에 공산주의자들과 페미니스트들이 옛 소련의 점령을 지지했기 때문이기도 하다. 당시에 소련군은 50만~100만 명을 죽였고, 이 때문에 아프가니스탄에서 거의 한 세대 동안 좌파들과 페미니스트들이 신뢰를 잃었다.

● 셋째, 이제 저항은 커지고 확산되며 승리하고 있다. 그래서 점령군은 농촌 지역에 대규모 공중폭격을 감행하고 파키스탄을 침공해야 한다는 커다란 압력을 받고 있다.

● 넷째, 지금의 상황에서는 어떤 식의 결론도 평범한 아프가니스탄 사람들에게 순탄하지는 않을 것이다. 그럼에도 저항이 승리하는 것이 최선이다.[1]

30년 전쟁의 기원

우선 [아프가니스탄] 공산주의자들에 관해 말해 보겠다.[2] 1971년 가을 어느 날 오후에 나는 헬만드 주州 수도 라슈카르가의 한 비포장 도로변에서 고등학생으로 보이는 소년들이 차례로 나무 상자에 오르내리며 시위하는 모습을 목격했다. 소년들은 연설을 하지는 않았다. 상자 위의 소년은 그저 구호만 목청껏 외쳤고, 다른 소년들은 그 구호를 따라 외쳤다. 소년들은 돌아가면서 상자 위에 올라갔는데, 대부분은 한 가지 구호만 외쳤다. "칸에게 죽음을."

소년들은 용감했다. 파슈토어語로 칸은 대지주나 지역 유지를 뜻한다. 소년들은 추상적인 사회적 계층의 폐지를 외친 것이 아니었다. 소년들은 마을의 권력자로서 자기 부모들의 삶을 좌지우지하는 자를 말 그대로 죽이길 원했던 것이다. 용감한 소년들은 기껏해야 서른 명 남짓이었다. 길가에 서 있던 성인 남성들은 결코 시선을 돌리지는 않았지만 무표정한 얼굴로 조용히 소년들을 지켜볼 뿐이었다. 경찰 몇 명도 이 장면을 지켜보고 있었다. 더 중요하게는 어느 도시에나 비밀경찰이 군중 틈에 숨어 있었는데, 이들이 공포의 대상이었던 것은 다 그럴만한 이유가 있었다. 게다가 각각의 마을에도 경찰 끄나풀들이 있었다. 마을 사람들과 친하게 지내다 보면 그들 얼굴의 미묘한 표정 변화만으로도 주위에 경찰 끄나풀이 나타났음을 감지할 수 있었다.

소년들의 시위를 지켜보던 어른들은 아무 말도 하지 않았다. 누구도 미소 짓지 않았다. 미소를 지었다간 칸이 그 사실을 알게 된다. 그러나 어른들의 침묵은 동의를 함축했다.

이 소년들은 공산주의자들이 이끄는 전국적인 지식인·학생 운동의 일부분이었다. 공산주의자들에게는 기존 질서를 전복해야 할 이유가 충분했다.[3] 1974년까지 국왕 자히르 샤가 아프가니스탄을 통치했다. 당시 아프가니스탄에는 형식적으로는 의회와 선거 제도가 있기는 했지만, 현실은 민주주의보다는 독재에 가까웠다. 마을 외곽에 토성을 쌓고 무장한 가신家臣들을 거느린 대지주들이 진정한 권력자였다. 중앙정부는 대체로 대지주들의 뜻대로 움직였다.

칸[4]은 힘과 공포로 지배했다. 중앙 권력은 취약했다. 판사들은 뇌물의 양을 기준으로 판결을 내렸다. 토지소유권은 어느 정도 관습에 따라 정해졌다. "여기가 내 땅인 이유는 누구나 그 사실을 알기 때문이다"라는 식이었다. 그러나 한 가족이 힘이 없어 보이면 더 힘 있는 가족이 와서 땅을 빼앗곤 했다. 가장 선량한 칸들은 그나마 형평성을 지키려고 노력했지만 그 밖의 대다수는 살인도 서슴지 않는 자들이었다. 모든 사람들이 총을 소지했고 안전을 위해서는 형제가 많은 편이 좋았다.

토지소유권과 법치가 이토록 취약하고 물리력이 곧 권력인 상황에서는 이따금 물리력을 과시하는 것이 도움이 됐다. 또한 모든 칸들에게는 언제나 잠재적인 도전자들(할 수만 있다면 칸의 자리를 탈취하려는 자들)이 있었다. 그러나 1970년 무렵에는 중앙정부가 대다수 마을에서 유력한 칸 한 명을 골라 후원했고 이로써 어느 정도 안정이 확보됐다. 이때부터 아프가니스탄 국가는 칸과 왕과 군대의 합작회사나 마찬가지였다.

아프가니스탄은 처절하게 가난한 국가였다. 예전에도 지금도 믿을 만한 통계 수치가 없다. 토지는 척박하고 국토의 대부분이 산이거나 사막이다. 국토 전체의 2퍼센트에서만 관개 경작이 가능하다. 주요 수출품은 해시*, 건포도, 양가죽 모자였다. 전체 국민의 90퍼센트 가량이 농촌에 거주했다. 칸 밑에는 자기 땅을 가진 소지주가 있었다. 농촌 인구의 절반 이상은 땅이나 가축을 충분히 갖지 못해 소작이나 목축으로 연명했다. 착취가 워낙 극심해서 소작농은 수확한 작물의 5분의 1에서 3분의 1 정도만 갖고 나머지는 몽땅 지주의 몫이었다. 유목민의 수입도 비슷했다.

사람들은 이 수입으로 간신히 입에 풀칠만 했다. 1972년에 노동자들의 일당은 20아프가니였고** 월급은 500아프가니였다. 20아프가니로는 난*** 열 개를 살 수 있었다. 부모가 각각 세 개씩,

---

* 해시hash: 해시시hashish의 준말로 인도 대마大麻로 만든 마약을 뜻한다. 마리화나를 뜻하는 미국 속어.

** 아프가니스탄의 화폐 단위. 2000년 기준 1달러는 4,700아프가니였다.

*** 밀가루 반죽을 화덕에 구워서 만든 인도의 전통 빵.

두 자녀가 각각 두 개씩. 연명은 했지만 다른 음식이나 물건을 살 돈은 없었다.

가난한 사람들은 대부분(사실 인구 대다수가 가난하다) 비슷한 처지였다. 나는 인류학자로서 1971~1973년에 아프가니스탄에서 현지 조사를 했고 유목민들과 잘 알고 지냈는데, 당시에 유목민들은 자기 가축을 잃고 요거트를 만들었다. 유목민들의 삶은 아프가니스탄인의 전형적인 삶에서 크게 벗어나지 않았다. 대부분의 유목민들은 옷 두 벌로 평생을 살았다. 하나는 성인식 때 입은 옷이고, 다른 하나는 결혼식 때 입은 옷이었다. 자전거를 가졌으면 꽤 부자였다. 마을에서 서른 가구 가운데 세 가구만 나를 손님으로 대접한다며 계란 프라이를 내놓을 형편이 됐다. 마을 사람들은 "저 분이 선생께 계란을 대접하지 않았소"라며 그가 베푼 친절을 끊임없이 상기시켜 줬다. 서른 가운데 스물아홉 가구는 고기를 일 년에 한 번만 먹을 수 있었다. 보통 집에는 주전자와 컵이 하나씩만 있었다.

아프가니스탄 사람들이 여성들을 집에 가둬 둔다는 소문이 무성하다(책에도 그렇게 나온다). 그러나 보통 100가구 중 한두 집에서만 그럴 수 있었다. 나머지 가구에서는 여성들도 밭에 나가 일하고, 가축을 돌보고, 물을 길어 와야 했다. 또, 부족 간의 영역 다툼과 파슈툰족의 전근대적 관습법에 관해서도 말들이 많다. 실제로 칸들은 서로 영역 다툼을 벌였다. 토성 안에 숨어 지내면서 이따금 경호원을 대동한 채로 외출하는 생활 방식으로도 얼마든지 먹고 살 수 있었기 때문이다. 그러나 밭에 나가서 일해야 하는 대다수 남성들은 적을 만들 형편이 못 됐다.

책과 아프가니스탄 부자들은 아프가니스탄이 마치 명예로 움직이는 사회인 양 말한다. 그러나 나는 아프가니스탄에서 내가 알고 지내던 가난한 사람들의 입에서 '명예'에 해당하는 단어가 튀어나온 경우를 단 한 번밖에 듣지 못했다. 그들이 입에 달고 살았던 말은 오히려 '수치'였다.

정부와 사회가 온통 부패했고 모든 사람들이 이를 알고 있었다. 내가 아프가니스탄에 도착해서 처음 본 것은 한 여성과 세관원이 뇌물을 얼마나 줘야 하는지를 놓고 목청 높여 흥정하는 장면이었다. 의사와 간호사들은 약을 훔쳐서 시장에 내다 팔았다.

나는 인류학자라는 지위를 이용해 내 친구가 카불에 있는 아프가니스탄 유일의 결핵 치료 병원(명목상 공공병원)에 입원하도록 도운 적이 있다. 내가 다른 환자들을 둘러보고 왔을 때, 다양한 집단 출신의 환자들이 내 친구의 침대 주변에 모여 얘기를 나누고 있었고, 나도 그 자리에 꼈다. 내 친구는 정부가 지급한 식량을 타려고 자기 가족이 간호사에게 뇌물을 줬다고 말했다. 나는 모든 환자가 그래야 하는지를 물었다.

"당연하죠." 모두 이렇게 답했다.

나는 "왜 그렇죠?"라고 물었다.

"아프가니스탄이 '썩었으니스탄'이라 그렇죠." 한 환자가 이렇게 답하자 모두 웃었다.

모든 사람들이 정부를 혐오했다. 내 가난한 파슈툰족 친구들도 왕들과 군 장성들이 파슈툰족이라는 사실에는 자랑스러워하면서도 정부를 혐오했다. 공산주의자들도 마찬가지였다.

왕정은 전체 예산의 3분의 2를 미국과 소련의 해외 원조에 기댔다. 왕들과 칸들은 경제개발을 원치 않았다. 경제개발은 자신들의 권력을 위태롭게 하기 때문이었다. 설사 원했더라도 도처에 만연한 부패 때문에 어려웠을 것이다.[5] 그래서 해외에서 들어온 원조금은 주로 교육, 쓸 데 없는 관공서 확충, 그리고 군대에 쓰였다. 이 과정에서 새롭게 교육받은 계층이 형성됐다. 그들은 소수였다. 1978년에 전체 인구 1500만 명 가운데 대학 졸업자가 2만 명 남짓이었으니 말이다. 그러나 옛 지배 엘리트들이 워낙 극소수였기 때문에 새로 형성된 지식인층은 주로 중농 집안 출신들로 충원됐다. 이들은 가난한 무토지 농민 출신은 아니었지만, 자기 집안에서 고등학교를 졸업한 최초의 사람들인 경우가 많았다. 이들은 칸과 정부에 대한 부모 세대의 증오를 도시로 들여왔다. 그들은 교육을 받으면서 자기 나라의 빈곤에 절망했고 '근대화'를 열망하게 됐다.

이 새로운 계층에는 크게 두 개의 정치 집단이 있었다. 공산주의자들은 옛 소련의 사상을 받아들였다. 반면 이슬람주의자들은 전통적으로 더 느슨하고 신비주의적인 아프가니스탄의 이슬람을 거부했고, 이집트 무슬림형제단의 사상을 받아들였다. 새로 형성된 이 지식인층에게 문제는 관습이었고 해법은 교육이었으며 사회변혁은 필수였다. 1970년대 초반에 공산주의자들과 이슬람주의자들은 카불 대학교와 주변 고등학교에서 서로 투쟁했다. 공산주의자들이 훨씬 더 많은 지지를 얻어 이 투쟁에서 승리했고, 이슬람주의 학생 지도자들은 파키스탄으로 피신했다.

지리와 종족 구성

여기서 잠깐 아프가니스탄의 지리와 종족 구성을 살펴보겠다. 나는 종족 구성을 분석의 출발로 삼지 않는데, 아프가니스탄에서는 언제나 계급 구분이 더 중요했기 때문이다. 모든 종족 집단에서 계급 구조는 대동소이한데, 수확된 농작물의 67~80퍼센트를 차지하는 지주와 노동하는 소작농 사이의 분할이 전통적으로 가장 중요했다.

그러나 앞으로 다룰 내용에서 종족, 언어, 지리는 꽤나 중요하다. 믿을 만한 통계 수치는 없지만, 인구의 대략 40~50퍼센트는 파슈툰족이다. 파슈툰족은 파슈토어를 사용하고 동부와 남부에 거주한다. 칸다하르가 파슈툰족의 최대 도시다. 중부 산악지대에는 하자라족이 거주하는데, 이들은 아프가니스탄에서 가장 가난한 농민 집단으로 일자리를 찾아 도시로 이주하는 비율이 가장 높다. 하자라족은 파르시어(페르시아어)를 사용하며 대부분 시아파이고 전체 인구의 10퍼센트 정도 된다. 우즈베크족도 전체 인구의 10퍼센트 가량 되는데, 이들은 튀르크 어족의 한 갈래 언어를 사용하고 동북부 평야지대에 거주한다. 타지크족은 전체 인구의 20퍼센트가량 되며 헤라트 주변의 서부 지역과 동북부 지역에 거주한다. 그들은 단일 종족이라고 말하기 어렵고 정치적으로 단결한 적도 없다. 그래서 타지크인이라는 용어는 대체로 종족적 소속감이 없는 파르시어 사용 농민들을 가리킨다.

수도 카불의 종족 구성은 다양하다. 정부 고위층 대다수는 대대로 파슈툰족이었다. 그러나 카불에서 가장 널리 쓰이는 언어는 파르시어고 파슈토어보다 고상하다고 여겨진다.[6]

그러나 아프가니스탄 정치는 종족을 중심으로 돌아가지는 않는다. 주요 분할선은 왕실에 대한 견해 차이, 종교, 공산주의였다. 이런 문제들에서 같은 부족이 서로 다른 편에 서는 경우는 흔했다.

위로부터의 혁명

1972년 아프가니스탄 중부와 북부에서 혹독한 기근이 발생했다.

왕정은 아무런 대처도 하지 않았고 고위 관료들은 구호 물품을 빼돌렸다. 그런 탓에 왕[자히드 샤의 사촌 모하메드 다우드가 1974년에 쿠데타를 일으켜 이슬람 사회주의 공화국을 수립했을 때 아무도 옛 질서를 방어하지 않았다. 초기에 다우드의 독재 정부는 소련에 기울었고 공산주의자들도 그를 지지했다. 그러나 1978년 초에 다우드 정부는 미국 편으로 기울었고 공산주의 운동 지도자들을 잡아 가뒀다.

그러자 공산주의자들은 소련에서 훈련받은 육·공군 장교들을 동원해 즉각 쿠데타를 일으켰다. 공산주의자들과 마찬가지로, 장교들도 지식인층이라고는 하나 대부분 중농 집안 출신이었다. 그들 중에 다우드와 왕실, 옛 질서를 위해 목숨 바치려는 사람은 아무도 없었다. 그러나 저항이 없었다고 해서 쿠데타가 지지받았던 것은 아니다. 신생 공산주의 정부는 도시에서는 지지를 얻었지만 인구의 90퍼센트가 거주하던 농촌 지역에서는 거의 지지를 받지 못했다. 징병제로 운영되던 아프가니스탄 군대에서 사병들은 아프가니스탄 사회의 축소판이었다. 그런데 공산주의자들은 사병들을 조직하려는 시도조차 하지 않았다. 이것이 그들의 치명적 약점이었다.

그러나 어쨌든 공산주의자들은 혁명가였다. 그들은 모든 것을 바꾸고 싶어 했다. 지주들의 권력을 분쇄하고 여성이 해방되기를 원했다. 그들이 처음 공표한 토지개혁 법령과 여성 권리 법령은 거의 상징적인 조치에 머물렀지만 그것이 상징하는 바는 누구에게나 명백했다.

정부의 힘이 미치지 않던 동부의 누리스탄, 동남부의 팍티아 등 작은 농촌 마을에서 소요가 시작됐다. 이슬람 지식인이 아니라 대체로 지역 물라[이슬람 율법가]들이 저항을 이끌었다. 물라들은 공산주의자들이 무신론자이고 러시아의 꼭두각시 노릇을 하며 여성의 정숙함을 해치려 한다고 주장했다.

농촌 지역에 지지 기반이 없던 공산주의 정부의 첫 대응은 서구식 정장을 한 교육받은 공무원들을 지프에 태워 지역에 내려보내는 것이었다. 그러나 마을 주민들 눈에는 이들이 폭압적이던 전 정부의 관리들과 똑같아 보였다. 이 방법이 실패하자 공산주의자들은 사람들을 가두고 고문하기 시작했다. 무자비한 방법이었지만 그래도 탄압 대상이 선별적이기는 했다. 그러나 투옥, 고문, 처형은 사람들의 환멸에 불을 댕기고 더 많은 저항을 낳을 뿐이었다. 결국 정부는 농촌 지역을 무차별 폭격하기 시작했다. 폭격은 소요를 확산시켰다. 18개월 만에 소요가 거의 모든 농촌 지역으로 퍼졌다. 공산주의 정권이 곧 무너지리라는 사실을 모두 알 수 있었다.

공산주의자들은 용감하고 헌신적이었다. 옛 질서의 억압을 끝내고 여성이 자유로워지기를 원했다. 실제로 많은 공산주의자들이 여성이었고, 이 여성들은 남성 못지않게 죽을 각오가 돼 있었다. 그러나 공산주의자들은 아래로부터가 아니라 위로부터 혁명을 시도했고, 이제 그 대가를 치르고 있었다. 1960년대와 1970년대에 세계 각지의 좌파들은 대체로 사회주의를 독재라고 생각했기 때문에 아프가니스탄 공산주의자들도 위로부터 쿠데타를 일으켰다. 당시 공산주의자들은 후진국이 발전하려면 독재가 필요하다고 여겼다. 독재는 이오시프 스탈린*처럼 잔인하기도, 피델 카스트로**처럼 비교적 온건하기도 했다. 그러나 어쨌든 당시 좌파들에게 공산주의란 상명하달식 독재였다.

소련에서 교육받은 많은 아프가니스탄 공산주의자들의 문제의식은 간단했다. 그들은 소련처럼 근대화된 선진 문명국을 원했고, 따라서 당연히 소련식 독재를 본받아야 한다고 생각했다. 아프가니스탄 공산주의자들 중 몇몇은 소련 이외의 나라에서 살다 온 사람들이었다. 공산주의 정부의 초대 대통령이었던 타라키는 인도에서 일한 경험이 있었고, 2대 대통령 아민은 뉴욕의 콜롬비아 대학교에서 공부했다. 유럽과 라틴아메리카에서처럼 인도와 뉴욕에서도 급진주의자들은 대부분 공산주의를 모종의 독재라고

---

* 이오시프 스탈린(1878~1953). 옛 소련의 공산당 서기장으로 1928~1953년에 소련을 통치했다.

** 피델 카스트로(1926~). 쿠바 혁명의 지도자로서 1959년 2월부터 1976년 12월까지 쿠바의 국무총리를 지낸 후에는 국가평의회 의장을 지냈다가 2008년 2월에 사임했다.

여겼다. 제3세계 민족주의 진영에서도 대체로 독재를 당연시하는 분위기였다. 무스타파 케말 아타튀르크*, 가말 압델 나세르**, 카스트로, 수카르노***는 당시 좌파들에게 널리 칭송받던 독재자들이었다.

물론 당시에도 민주주의와 아래로부터의 혁명을 꿈꾸던, 그리고 바로 그것이 마르크스와 레닌 사상의 정수였다고 주장한 사회주의자들이 있었다. 이 저널[《인터내셔널 소셜리즘》]도 그 전통에 속한다. 그러나 이들은 국제 좌파 진영에서 소수였고 가난한 나라에는 이들의 목소리가 거의 닿지 않았다.

그러나 아프가니스탄 공산주의자들은 자기 무덤을 파고 있었다. 이따금 소수의 지지를 얻은 쿠데타가 성공하고 그렇게 소수

---

* 무스타파 케말 아타튀르크(1881~1938). 터키 공화국의 초대 대통령이며 군인이었다. 청년투르크당에서 활동했다,

** 가말 압델 나세르(1918~1970). 이집트의 군인이자 정치가로서 1952년의 이집트 혁명을 주도했으며, 1956년부터 1970년까지 이집트 2대 대통령을 지냈다. 알제리, 리비아, 이라크, 예멘 등에서 반식민주의와 범아랍주의 혁명을 일으키도록 아랍 민족운동을 고취했다.

*** 수카르노(1901~1970). 인도네시아의 초대 대통령이다. 1927년 인도네시아국민당을 조직해 민족독립운동을 벌였고, 1933년 네덜란드군에게 잡혀 10년 간 유형생활을 했다. 1942년 일본군의 도움으로 석방돼 일본군의 군정에 협력, 1945년에 네덜란드군이 복귀하지 않는 틈을 이용해 인도네시아의 독립을 선언했다. 1946년에서 1949년까지 네덜란드군과 싸웠으며, 헤이그 협정이 성립되며 네덜란드에서 주권을 인수해 인도네시아 초대 대통령이 됐다.

가 통치를 유지하는 것이 가능할 때도 있다. 그렇지만 사회구조
(지배적 경제 관계와 가족 관계) 전체를 변혁하는 것은 완전히 다
른 문제다. 사회 전체를 변혁하려면 열정적인 다수의 지지가 필
요하다. 결국 18개월 만에 카불 정부와 공산주의자들은 적대적
세력에 포위됐다.

대중의 지지를 잃으면서 공산주의자들은 서로 죽이기 시작했
다. 아프가니스탄 공산주의 운동에는 두 정파가 있었다. 칼크(민
중) 그룹이 더 급진적이었다. 칼크들은 토지개혁 · 여성해방 · 혁
명을 끝까지 추진하기를 원했다. 칼크는 대게 빈농 출신이었고
파슈토어를 사용했다. 파르참(깃발) 그룹은 부유한 도시 집안 출
신으로 대게 파르시어를 사용했다. 파르참들은 혁명을 뒤로 물리
고 물라들과 협상하길 원했다.

두 그룹 모두 해결책을 제시하지 못했기 때문에 칼크와 파르
참 사이의 싸움이 격해졌다. 광범한 지지 없이 혁명을 끝까지 밀
어붙이기만 해서는 무엇도 성취하지 못한다는 점에서 파르참이
옳았다. 양보해서는 반란을 만족시킬 수 없다는 점에서 칼크도
옳았다. 애초의 희망이 걷잡을 수 없는 가학성으로 변질되는 가
운데 그들은 어떠한 해결책도 제시하지 못한 채 서로 총구를 겨
눴다. 칼크는 수많은 파르참을 가두고, 고문하고, 처형했다. 그리
고 나서 칼크는 다시 분열해서 서로 죽이기 시작했다. 공산주의
자들 자신이 적색 테러의 제물이 된 것이다.

소련의 점령과 이에 맞선 저항

1979년 크리스마스에 소련 탱크가 국경을 넘기 시작했다.[7] 소련의 침략 동기는 명백하고 확실했다. 아프가니스탄은 공산주의 정부 하의 무슬림 나라였다. 아프가니스탄은 또한 석유 매장량이 엄청 난, 그러나 인구의 다수가 무슬림인 소연방 공화국들의 바로 남쪽 에 위치했다. 그런데 아프가니스탄의 공산주의 정부가 무슬림 봉 기로 무너진다면, 이 사례는 북쪽으로 쉽게 확산될 터였다. 게다 가 소련 엘리트 다수는 아프가니스탄의 부족 지도자·온건세력과 타협점을 찾을 수 있다고 생각했다. 소련 엘리트의 눈에는 아프가 니스탄 공산주의자들이 모든 것을 바꾸려 드는 혁명가들이라는 점이 문제였다. 소련 엘리트는 보수적 권력자들이었다.

소련의 탱크들과 폭격기들은 도시를 쉽사리 함락했다. 소련은 칼크파를 끌어내리고 파르참 출신의 밥락 카말을 대통령으로 세 웠다. 파르참의 경찰은 곧 칼크 지도부를 잡아 가두기 시작했다. 기존에 감옥에 있던 사람들이 풀려나고, 새로운 사람들이 그 자 리를 메웠다.

물라들은 공산주의자들을 러시아의 꼭두각시라고 말해 왔다. 이제 모든 사람이 이 말이 진실이라고 생각할 수밖에 없었다. 공 산주의자들은 도시에서도 지지를 잃었다. 파르시어를 사용하고 이란의 영향력이 상당한 동부의 헤라트에서 저항이 시작됐다. 남성들과 소년들은 밤에 지붕에 올라가 "알라는 위대하다" 하고 외쳤고, 누구도 감히 이들에게 총을 쏘거나 폭격을 하지 못했다.[8]

지붕에 올라가 소리 지르는 방식의 시위는 파슈토어 사용 지역인 남부의 칸다하르와 파르시어 사용 지역인 카불로 확대됐다. 공산주의자들의 전통적 기반이던 공무원들도 소련 점령에 반대해 파업에 나섰다. 전에는 카불의 여고생들이 여성 권리를 쟁취하기 위한 투쟁의 선두에 섰다. 그러나 이제 거리 시위가 하기 힘들어지자 여학생들은 운동장에 모여서 1878년에 영국이 침공했을 때 여성들이 그랬듯이 아프가니스탄 남성들에게 계집애가 아니라 남자임을 증명해 보이라고 촉구했다.

공산주의자들은 어쩔 줄 몰라 했다. 그들의 혁명은 막다른 골목으로 다가서고 있었다. 소련 '고문'들은 모든 부서를 장악하고 개혁을 중단했다. 공산주의자들은 소련 침략자들에게 협력하거나 사악한 '이슬람주의자'에게 굴복하거나, 둘 중 하나를 선택해야 했다. 몇몇은 아예 아프가니스탄을 떠났다. 그러나 결국 대부분은 소련을 따르기로 결심했다.

소련이 벌인 전쟁은 7년 동안 계속됐다. 소련군은 도시를 점령하고 탱크로 고속도로를 순찰했다. 그러나 농촌 지역에서 그들은 지속적인 저항에 시달렸다. 당시 소련군의 주요 전술은 지뢰 매설, 전투용 헬리콥터, 폭격, 자유공격지대 설정*이었다. 얼마나 많은 아프가니스탄인들이 목숨을 잃었는지에 대한 믿을 만한 통계는 없다. 대체로 제시되는 100만 명이라는 수치는 너무 높은 듯하다. 당시 인구 1500만 명 가운데 약 50만 명 정도가 사망했으리라 추정되며,[9] 대략 100만 명 정도가 부상으로 불구가 됐다. 또한 파키스탄으로 400만 명, 이란으로 200만 명, 비교적 안전했던 아프가니스탄의 다른 도시로 200만 명이 피난을 갔다. 즉, 전체 인구의 3분의 2가 죽거나 다치거나 난민이 됐던 것이다.

영국으로 치면 200만 명이 죽고 400만 명이 중상을 입고 3200만 명이 난민이 된 것이다. 이 같은 만행을 저지른 외국군을 영국 공산주의자들과 페미니스트들이 거의 모두 지지했다고 가정해 보라. 과연 영국에서 누가 페미니즘이나 사회주의를 좋게 생각하겠는가?

아프가니스탄에서도 마찬가지였다. 페미니즘·사회주의 정치는 한 세대가 지나도록 거의 지지받지 못한다. 아프가니스탄인들이 언제나 우익적이고 가부장적이어서 그런 것이 아님을 기억해야 한다. 1960년대에는 공산주의자들이 카불의 전체 의석을 독식했던 적도 있다. 오늘날 좌파들이 외면 받는 것은 그들이 평범한 사람들에게 했던 짓 때문이다.

소련에 맞선 아프가니스탄인들의 저항은 20세기에 일어난 여

◆ 자유공격지대Free Fire Zone. 미국이 베트남 전쟁 때 사용하고 정식화한 전술이다. 특정 지역을 '자유공격지대'로 설정하면 상부와 상의하지 않고도 어떤 공격이라도 할 수 있다.

느 민족해방 무장투쟁과 달랐다. 베트남, 알제리, 앙골라 등에서는 정당이 투쟁을 주도했고 대체로 전국 수준의 통합된 군대가 있었다. 아프가니스탄에서는 거의 모든 사람들이 반란에 참가했다. 그러나 그들은 지역공동체(파슈토어와 파르시어로 '콰움')별로 따로 싸웠다. 때때로 콰움은 하나의 마을일 수도 있었고 한 계곡의 여러 마을을 포함할 수도 있었다. 또, 한 마을의 일부 종족이나 정파인 경우도 있었다. 모든 콰움은 각자 알아서 싸웠다.[10] 만약 주요 도로가 한 계곡이나 마을의 콰움을 관통하는 경우에 콰움은 이곳을 지나가는 소련군을 공격했고 처절한 싸움이 벌어졌다. 아프가니스탄의 남녀노소는 피난처를 찾거나 무기를 구하려고 파키스탄으로 수백 킬로미터를 걸어가기는 했지만, 적을 찾아 멀리 이동하는 경우는 없었다.

저항의 이데올로기는 아프가니스탄의 이슬람 사상이었다. 이것은 아프가니스탄 무슬림 학생들이 이집트에서 수입한 이슬람주의 사상과는 달랐다. 그러나 어쨌든 사람들은 자신들이 신과 이슬람을 위해 싸운다고 여겼다. 또한 과거에 이슬람의 이름으로 영국과 맞서 싸운 세 번의 전쟁(1838년의 1차 아프가니스탄 전쟁, 1878~1880년의 2차 아프가니스탄 전쟁, 그리고 1919년의 3차 아프가니스탄 전쟁)에서 모두 이겼다는 사실도 알고 있었다. 여기에 점령의 참상과 고문, 그리고 폭격이 더해졌다. 무슨 말이 더 필요했겠는가?

저항 세력은 자신을 지하드[성전]를 수행하는 '무자헤딘'이라고 불렀다. 그렇다고 해서 그들이 광신도였던 것은 아니다. 이 맥락에서 성전이란 단지 외국군에 맞선 저항을 뜻했다.

그러나 파슈툰족이 주로 거주하는 파키스탄의 북서변경주 주도州都 페샤와르에 기반을 둔 일곱 개의 이슬람주의 정당 때문에 상황은 더 복잡했다. 그들은 모두 CIA, 사우디아라비아 정보기관, 파키스탄 군 정보기관ISI에서 자금과 무기를 지원받았다. CIA와 사우디아라비아는 돈과 무기를 댔다. 파키스탄 군 정보기관은 자금과 무기를 분배하고 망명 아프가니스탄 정당들 중 입맛에 맞는 정당을 우선적으로 후원했다.[11] 미국 정부와 CIA의 의도는 부분적으로 소련을 약화시키는 데 있었고, 부분적으로는 베트남전의 수모를 설욕하는 데 있었다. 사우디아라비아 정보기관에게는 공산주의가 자국으로 확산되는 것을 막는 것이 주된 동기였다. 그런가 하면 파키스탄 정권에게는 미국의 후원이 중요했다. 1980년대에 파키스탄은 지아Zia 장군 치하의 군부독재였는데, 아프가니스탄 저항 세력을 후원한 대가로 지아 정권이 얻어 낸 미국 측의 후원은 정권 유지에 필수적이었다. 게다가 파키스탄 군 정보기관과 사우디아라비아 정보기관은 이슬람주의에 우호적이기도 했다. CIA는 이슬람주의를 좋아하지는 않았지만 아프가니스탄에서 이슬람주의자들 외에 다른 동맹 세력을 딱히 발견해 내지 못했다.

페샤와르의 일곱 정당 지도부는 일단 자기 몫을 챙기고 남은 자금과 무기를 아프가니스탄 내부의 저항운동에 보냈다. 파슈툰 족이면서 카불 대학교에서 공학을 전공한 굴부딘 헤크마티아르 가 이끈 정당이 가장 급진적이었고 해외 원조도 가장 많이 받았 다. 카불 대학교의 이슬람 신학 교수 라바니와 이슬람주의 학생 마수드가 이끈 정당도 꽤 컸다. 라바니와 마수드는 타지크족이었 다.[12] 그 밖에 덩치가 더 작은 이슬람주의 정당이 세 개가 있었고, 옛 엘리트 계층인 지주와 왕실의 이익을 대변하는 소규모 정당이 두 개 있었다.

아프가니스탄 내부의 콰움들은 페샤와르의 일곱 정당들과 개 별적으로 동맹을 맺었다. 사상이나 종족이 동맹관계를 결정하는 일차적 요인은 아니었다. 콰움의 지도자들은 종종 서로 경쟁하는 관계(서로 적은 아니었지만)였기 때문에, 한 콰움의 지도자는 이웃 한 콰움의 지도자가 동맹을 맺지 않은 정당과 동맹을 맺곤 했다. 게다가 콰움끼리의 동맹 관계가 바뀌면 동맹 정당이 바뀌기도 했 다. 정당들과의 동맹 구도는 한마디로 뒤죽박죽이었다.

요컨대 아프가니스탄의 저항운동은 민중 반란이기도 했지만 미국의 후원을 받는 소수 집단의 배후 공작이기도 했다. 그러나 민중 반란이라는 측면이 더욱 중요했다. 전쟁 통에 죽어간 수많 은 사람들이 미국의 패권을 위해 목숨을 바친 것은 아니었다. 게 다가 이슬람주의자들과 CIA의 관계는 언제나 불편한 관계였다. 1980년대 당시 미국은 주요 적성국인 이란을 의식해서 국제적으로 이슬람주의를 배격하고 있었다. 또한 앞서 말한 일곱 정당의 지도부가 워싱턴을 방문하려는 계획이 추진됐다가 헤크마티아르가 당시 미국 대통령 레이건과 악수하기 싫다고 해서 취소되는 해프닝도 있었다.

소련에 맞선 7년의 전쟁 동안(이를 4차 아프가니스탄 전쟁이라고 부른다) 마을 내부의 계급 관계가 변했다. 아프가니스탄의 옛 엘리트들, 즉 대지주들과 도시에 있는 그들의 친구들은 해외로 도망쳐 다시는 돌아오지 않았다. 이들은 돈이 많았고 미국으로 건너가 아프가니스탄계 미국인이 됐다. 그러자 도시에서는 권력의 공백이 생겨났다. 이 공백을 채운 것이 이전에 새롭게 등장했던 교육받은 계층이었다. 권력을 잡아 신흥 부르주아지가 된 이 계층 가운데는 공산주의자도, 이슬람주의자도 있었다. 문제는 어떤 세력이 승리하느냐 하는 것이었다.

농촌 지역도 도시와 비슷하게 큰 변화를 겪었지만 다른 점도 있었다. 옛 지주들은 마을을 떠나 다시는 돌아오지 않았다. 다수의 가난한 사람들도 도망쳐 난민이 됐다. 그러나 토지소유권이 불분명했기 때문에 아주 위험한 상황에서도 자기 땅을 지키기 위해 남자 한 명을 남겨 두는 경우가 흔했다. 농촌에서는 각 콰움에서 저항을 이끈 지역 '사령관', 즉 새로운 강자가 탄생했다. 어떤 점에서 이들은 옛 칸들을 모방했다. 물론 이들의 정당성은 저항을 이끈 데서 나왔기 때문에 옛 칸들과는 달랐다. 그러나 이들은 새로운 인물이었기 때문에 토지소유권을 주장하기가 쉽지 않았다. 게다가 당시에는 법정이라는 것도 없었다. 그래서 지역 사령관들은 옛 칸들처럼 자기보다 약하거나 대드는 사람들에게 폭력을 휘두르며 힘을 과시하는 방식으로 토지소유권을 주장해야 했다. 상황이 유동적이었던 만큼 더욱더 잔혹하게 힘을 과시해야 했다. 어떤 종족 집단들과 공동체들은 떼거지로 자기 지역에서 도망치거나 쫓겨났다. 이런 곳에서 새롭게 토지를 확보한 사람들도 그것을 지키기 위해 다른 사람들을 폭력으로 위협해야 했다.

CIA와 파키스탄 군 정보기관은 아프가니스탄에서 아편과 헤로인 생산의 대대적 확산을 부추겼다. 아편 재배는 아프가니스탄 농민들의 생존에 도움이 됐고, 정당들은 마약 판매로 자금을 얻을 수 있었다. 그러나 이때부터 아프가니스탄과 파키스탄에서 마약 재배와 생산이 번성하면서 두 나라 모두 더 위험하고 혼란스러워졌다. 지역 유지들은 마약을 더 많이 팔려고 서로 경쟁했다. 마약을 팔아 벌어들인 돈이 파키스탄의 정당, 군대, 정보기관으로 흘러들어 가면서 부패가 만연해졌다. 정치인들이 뇌물을 밝히는 나라에서 사는 것만 해도 끔찍하지만, 비밀경찰과 군 장성이 마약 판매상인 경우는 더 심했다.[13]

그러다가 1988년에 무자헤딘이 승리했다. 소련군은 아프가니스탄에서 철수했고, 그 후 1년 만에 소련 체제가 무너지기 시작했다. 아프가니스탄인들의 저항이 소련의 몰락에 한몫한 셈이다.

지금 상황에 비춰 보면 무자헤딘이 소련의 침공을 **격퇴했다**는 점이 더 중요하다. 이로써 아프가니스탄은 네 번의 전쟁에서 모두 승리했다. 그것도 이슬람의 기치 아래에서 말이다. 아프가니스탄 농민들이 엄청난 대가를 치르긴 했지만 결국은 그들의 승리였다. 바로 이 때문에 오늘날 아프가니스탄인 대다수는 자신들이 마음만 먹으면 미국을 패퇴시킬 수 있다고 믿는다. 그러나 그에 따르는 희생은 엄청날 것이다.

소련의 탱크가 물러나자마자, 미국은 페샤와르의 일곱 정당을 나 몰라라 하면서 자금과 무기 지원을 끊었다. 그 결과는 대혼란이었다. 소련은 전前 공산 정권의 비밀경찰 우두머리 모하메드 나지불라를 대통령으로 앉힌 어정쩡한 연립정부를 남기고 퇴각했다. 페샤와르의 일곱 개 이슬람주의 정당들은 도시를 장악하려고 아프가니스탄으로 진격했다. 그러나 무자헤딘은 원래 자기 마을을 지키려고 싸웠지 카불로 가려고 하지는 않았다. 소련의 점령을 거부했던 많은 도시 주민들은 이제 나지불라가 차라리 이슬람주의 정당보다 낫다고 여기게 됐다. 결국 1992년에 카불이 함락되자 중앙 권력에 공백이 생겼다. 이슬람주의 정당들은 추악한 본색을 드러냈다. 그들은 서로 권력을 잡으려고 아귀다툼하는 데만 골몰했고, 서로 동맹을 맺었다가 배신하기를 반복했다. 카불은 소련이 점령할 당시에도 폭탄 한 방 맞지 않았다. 그러나 서로 싸우는 이슬람주의 정당들이 노동계급 거주지를 포격하면서 도시가 폐허로 변했다. 마치 제2차세계대전 직후 독일이나 일본의 도시와 비슷한 광경이 카불에 펼쳐졌다.

지역에서도 이슬람주의자들은 비슷한 일을 벌였다. 힘을 보여 주기 위해서는 계속해서 폭력을 휘둘러야 했다. 이런 세태는 평범한 아프가니스탄인들을 극도의 불안과 절망감에 빠뜨렸다. 예전에는 많은 사람들이 공산주의를 위해 목숨을 걸고 싸웠고, 더 많은 사람들이 이슬람을 위해 죽을 각오로 소련의 침공에 맞서 싸웠다. 그러나 사람들은 이슬람주의자들의 행태를 보면서 이제 믿을 것은 자기 가족과 신밖에 없고, 그 이상의 어떤 가치도 결국은 다 사기일 뿐이라고 느꼈다. 전국과 지역 수준에서 벌어지는 무력 충돌이 끊임없이 삶의 터전을 유린하는 것을 보면서 사람들은 하루하루를 불안에 떨며 살았다. 게다가 이슬람주의자들이나 그 지지자들, 지역 사령관들이 언제 불쑥 찾아와서 자신의 토지나 상점, 남편, 아들딸을 빼앗아 갈지 모를 일이었다. 이처럼 사람들은 끝없는 공포와 불안, 그리고 쓰디쓴 환멸 속에서 살아가야 했다.

탈레반의 부상

탈레반은 소련과의 7년 전쟁과 무자헤딘끼리 벌인 7년 내전의 산물이다. 탈레반은 종종 중세 광신도로 묘사되곤 한다. 혹자는 탈레반을 "전통 세력"으로, 현 카불 정권을 "근대화 세력"으로 묘사한다. 하지만 이제껏 어떤 무슬림 국가에서도 탈레반 같은 정권은 없었다. 탈레반은 새로운 존재이며 현대의 산물이다.[14]

탈레반은 파키스탄 군 정보기관의 전폭적인 지원과 미국의 암묵적 승인을 등에 업고 1994년 아프가니스탄으로 들어왔다. 파키스탄 군부는 이슬람주의 정당들이 아프가니스탄을 통제하는데 쓸모없다는 결론을 내렸다. 미국은 법질서가 확립된 통일된 아프가니스탄을 원했는데, 그래야만 아프가니스탄에 이란이나 러시아를 거치지 않고 중앙아시아로 바로 연결되는 송유관을 건설할 수 있기 때문이었다.

탈레반은 원래 군대였다. 탈레반은 파키스탄에 근거지를 두고 아프가니스탄에서 군사작전을 벌였다. 많은 탈레반 장교들은 파키스탄 군대에서 복무했던 사람들이었다.[15] 병사들은 파키스탄의 아프가니스탄 난민촌에서 종교학교를 다닌 소년 출신이었다. 탈레반의 뜻은 간단히 말해서 "학생"이다. 소년들은 전통적 마을이 아니라 20세기의 산물인 난민촌에서 성장했다.

탈레반의 지도부는 또 달랐다. 지도부는 아프가니스탄 농촌 출신의 물라들이었고 정규교육을 제대로 받지 못했다. 그들은 대학 교육을 받은 적이 없고 대지주 출신도 아니다. 사회적으로 지위가 낮았던 그들은 교육받은 이슬람주의자들과 공통점이 거의 없었다. 그들은 외국의 기독교인들을 깊이 증오했지만, 그 증오에 중세적 요소는 없었다. 그것은 폭격기와 전투 헬기가 난무하는 기나긴 전쟁을 통해 체득된 증오였을 뿐이다. 역사상 어떤 이슬람 국가에서도 이런 물라들이 정부를 운영했던 적이 없다.

그들의 종교적 엄격성이나 긴 턱수염도 아프가니스탄의 전통이 아니다. 1970년대 아프가니스탄의 한 농촌에서 지낼 때 나는 턱수염을 짧게 다듬었다. 턱수염이 있던 사람들은 백발의 노인이거나 물라였는데, 그들도 모두 턱수염을 짧고 단정하게 다듬었다. 나는 종종 내 덥수룩한 턱수염 때문에 공개석상에서 놀림을 당하곤 했는데, 사람들은 긴 턱수염은 단정치 못하고 비이슬람적이라고 생각했으며 턱수염을 길게 기른다는 것은 상상도 못할 일이었다.

처음에 탈레반은 전임자들과 사뭇 달라 보였다. 탈레반은 법과 정의, 평화와 정직을 약속했다. 16년 동안의 전쟁과 불안정을 겪은 아프가니스탄인들은 이 약속을 믿어 볼 용의가 있었고, 미국과 파키스탄의 후원을 받기 때문에 탈레반이 평화를 가져올지도 모른다고 생각했다. 그러나 탈레반의 이데올로기는 또 다른 두 가지 요소에 영향을 받고 있었다. 하나는 준법과 정숙을 엄격히 강조하는 형태의 이슬람이다. 여기서 정숙이란 도시에서 여성들이 돌아다니지 못하게 집에 가두거나 여학생들이 학교에 다니지 못하도록 하는 조처를 뜻했다. 그러나 농촌에서 많은 여성들은 여전히 밭에 나가 일해야 했고 파슈툰족은 딸들을 교육시키겠다고 고집했다. 그러나 결정적으로 탈레반은 무자혜딘과는 달리 자기 간부들과 병사들이 소년·소녀들을 성추행하지 않도록 조치하겠다고 약속했다.

파키스탄과 미국이 탈레반의 후원자라는 사실을 누구나 알고 있었는데, 탈레반이 이슬람에 기초한 자신들의 정통성을 유난히 강조한 것도 부분적으로는 이 점을 의식해서였다. 축구 경기장에서 공개 처형을 하는 것은 비록 잔혹하기는 했지만 많은 사람들에게 환영받았다. 탈레반은 법질서를 중시했고 지역 '사령관'들보다 정직했으며 사람들이 원하는 안전을 제공하는 듯했다. 대부분의 사람들은 여전히 탈레반의 상식을 벗어난 행태와 비非아프가니스탄적 이슬람이 도가 지나치다고 생각했다. 그래서 탈레반은 열렬한 지지를 받지는 못했지만, 그래도 다른 세력보다는 탈레반이 낫다고 여긴 파슈툰족 가운데서는 상당수가 탈레반을 용인했다.

그러나 탈레반의 중심 사상은 파슈툰족 우월주의였다. 탈레반은 오직 파슈툰족으로만 구성돼 있었다. 1920년대부터 아프가니스탄 정치에서는 언제나 종교와 계급이 종족에 우선했다. 예컨대 공산주의 운동에는 파슈툰족, 타지크족, 우즈벡족 등 모든 종족이 포함돼 있었고 이슬람주의 진영에서도 마찬가지였다. 또한 각 진영 내부의 분파들도 저마다 종족 구성이 다양했다. 종족 구분이 아주 하찮은 문제는 아니었지만 정치에서 중요한 기준은 아니었던 것이다. 그러나 이제 공산주의와 이슬람주의 정치가 사람들을 배신하자, 종족만이 유일한 정치적 분할선으로 남은 것이다.

탈레반은 2년 만에 동부와 남부의 파슈툰 지역을 접수했고, 카불도 접수했다. 그러나 탈레반이 북부 최대 도시 마자르를 장악하려고 하자 하자라족이 저항했다. 하자라족은 아프가니스탄에서 가장 가난하고 억압받는 종족이었고 도시 노동자들 가운데 그 수가 많았다. 하자라족은 또한 토지 이용권을 놓고 파슈툰족 유목민들과 한 세기 동안 싸워 온 종족이기도 했다. 결국에는 탈레반이 마자르 장악에 성공했지만 그 뒤로도 북부에 대한 장악력은 별로 굳건하지 않았다. 이 때문에 아프가니스탄에 강력한 정부를 세운 뒤 북서쪽에서 출발하는 송유관을 지으려 했던 미국에게 탈레반은 더는 쓸모 있는 존재로 비치지 않게 됐다. 결국 미국은 지원을 끊었다. 그리고 오사마 빈 라덴이 아프가니스탄으로 돌아왔다.

빈 라덴 가문은 사우디아라비아 건설업계에서 유력한 지위를 차지하고 있었다. 1980년대에 오사마는 파키스탄에서 사우디 정보기관을 위해 활동하면서 해외에서 온 전투원 자원자들과 해외 원조를 관리했다. 오사마는 종종 아프가니스탄을 드나들면서 일정 정도 현지인이 되다시피 했고, 아프가니스탄의 대의를 자신의 대의로 삼았다. 그렇다고 해서 그가 민족주의자가 된 것은 아니었다. 급진 이슬람주의자로서 그는 아프가니스탄의 대의에 공감했다.

소련 군대가 철수하자 오사마도 아프가니스탄을 떠났다. 그와 거의 동시에 제1차 걸프전이 발발했다. 처음에 오사마는 이라크에 맞서 싸운 쿠웨이트·사우디아라비아·미국의 동맹을 편들었다. 그러나 두 가지 점 때문에 그는 마음을 바꿨다. 하나는 미군이 사우디아라비아에 군대를 주둔시킨 점인데, 그의 눈에 이것은 십자군의 예루살렘 점령과 너무 흡사해 보였다. 다른 하나는 이라크 폭격에서 드러난 미국의 잔혹함이었다. 결국 오사마는 아프가니스탄의 소련군과 중동의 미군 사이에 근본적인 차이가 없다는 결론을 내렸다.

1992년 이후에 오사마는 사우디아라비아 왕가와 미국의 패권에 맞서는 이슬람주의 단체들의 느슨한 네트워크를 건설하기 시작했다. 이들은 개인적 테러를 전술로 채택했다. 오사마는 수단으로 망명했다가 곧 아프가니스탄으로 갔다. 탈레반은 오사마의 입국을 환영하지는 않았지만 용인하기는 했다.

두 번째 점령

9·11 테러는 패권 국가 미국에게 굴욕이었다. 미국의 세계적 패권은 언제나 공포에 의한 지배와 동의에 의한 지배, 그 둘의 혼합에 의존했다. 애초부터 동의에 의한 지배가 잘 안 먹혔던 중동에

서는 특히나 공포에 의한 지배가 더 중요했다. 그런데 이제 그 공포에 의한 지배를 유지하려면 9·11 테러로 죽은 수보다 훨씬 더 많은 사람들이 죽어야 했다. 세계무역센터 건물이 무너지는 장면을 텔레비전에서 본 즉시 나는 아프가니스탄이 곧 끔찍한 대가를 치르게 될 것을 직감했다. 미국에게는 전쟁을 벌일 또 다른 동기도 있었다. 이라크의 석유를 다시 장악하고 끝내는 이란 석유도 통제하는 것이 미국 석유 기업과 네오콘의 오랜 숙원이었다. 게다가 아프가니스탄과 이라크 전쟁이 승리한다면 미국은 중동에서만이 아니라 전 세계에서도 압도적인 정치적·경제적 패권국으로 등극할 수 있을 터였다.

그래서 9월 12일부터, 즉 9·11 발생 후 겨우 이틀째부터 [부통령] 딕 체니와 [국방장관] 도널드 럼스펠드는 이라크를 공격하자고 선동했다. 9·11의 충격이 그들에게는 기회인 셈이었다. 베트남 전쟁 이후로 평범한 미국인들은 자기 자식들을 다른 나라 전쟁터에 보내는 데 깊은 회의를 품게 됐다. 그런데 이제 이 거리낌이 사라진 것이다.[16] 그러나 곧바로 이라크를 치자니 뭔가 비약이 심해 보였다. 게다가 사담 후세인과 9·11 테러 사이에는 관련이 전혀 없었다. 다른 뭔가가 필요했다. 누군가 대가를 치러야 했다. 마침 아프가니스탄이 이 목적에 안성맞춤이었다. 지구상에 아프가니스탄만큼 가난한 나라도 없거니와, 현지인들은 23년간의 전쟁으로 지칠 대로 지쳤고 탈레반은 대중의 지지를 거의 받지 못하고 있었다. 지상군을 투입해도 될 정도로 만만한 나라였다. 즉 아프가니스탄인들은 너무 오랫동안 고통받은 죄로 다시 한 번 시련을 겪어야 할 판이었다.

미국 정부가 공식적으로 내세운 명분은 오사마 빈 라덴을 색출한다는 것이었다. 그러나 이것이 중요한 이유가 아니라는 점이 점점 분명해졌다. 미국은 빈 라덴을 잡지도 못했고, 이를 그다지 걱정하지도 않았다. 그러나 "빈 라덴 색출"은 미국인들이 전쟁을 용인해 줄 명분으로는 충분했다.

궁지에 몰린 탈레반 정부는 빠져나갈 구멍을 찾으려 했다. 탈레반으로서는 빈 라덴을 쉽사리 넘겨준다면 정권의 정당성을 유지할 길이 도저히 없었다. 그래서 탈레반은 빈 라덴을 다른 무슬림 국가의 법정에 세우자고 제안했다. 미국에게는 받아들일 수 없는 제안이었다. 첫째, 당시 미국 정부는 빈 라덴을 법정에 세울 충분한 증거를 확보하지 못했다. 둘째, 빈 라덴이 재판 과정을 주도하면서 효과적 선전의 장으로 활용할 수 있었다. 미국은 빈 라덴을 사살하길 원했지 법정에 세울 마음은 없었다.

미국은 침략을 개시했다. 그러나 미국인들의 여론이 아직 대규모 지상전을 용인할 태세는 아니었다. 그래서 미군은 소수의 특수부대를 파견해 북부동맹에게 무기·자금·군복을 지원했다. 북부동맹은 주로 북부의 타지크족 지역에 기반을 둔 옛 이슬람주의 정당 민병대와 도스툼 장군이 이끄는 옛 공산주의 세력의 우즈베크 민병대로 구성됐다. 미 공군이 대규모 폭격을 시작하자 이상한 일이 벌어졌다. 아프가니스탄 사람들이 도무지 싸우려고 하지 않았다. 탈레반 병사들을 포함해 어느 누구도 정권을 위해 싸우려고 하지 않았고, 북부동맹의 병사들도 마찬가지였다. 아프가니스탄은 이미 너무 많은 전쟁을 치렀던 것이다.

미국은 북부동맹의 이슬람주의자들을 신뢰하지 않았기 때문에 이들이 카불로 진격하기를 바라지 않았다. 파키스탄군과 군 정보기관은 탈레반이 싸우지 않도록 만류함으로써 파키스탄과 미국 간의 동맹을 유지하려 애썼다. 폭격이 계속 됐지만 전투는 없었다. 북부동맹과 탈레반의 병사들은 광야를 가운데 두고 서로 바라보기만 했다. 이런 상황이 몇 주 동안 이어지면서 미국 정부를 심각한 당혹감에 빠뜨렸다. 이때, 파키스탄 군 정보기관이 미국과 탈레반 사이를 중재해 교섭이 이뤄졌다. 탈레반은 카불에서 철수하는 데 동의했다. 미국은 군사적 승리를 선포할 수 있게 됐고, 탈레반 지도자들은 고향으로 돌아가거나 파키스탄 접경 파슈툰 지역에 난민촌을 세울 수 있게 됐다. 미국은 이들은 괴롭히지 않기로 약속했다.[17]

협정은 지켜졌다. 단 한 명을 제외하고 탈레반 지도부 중 누구도 다치지 않았다. 누구도 관타나모 수용소에 끌려가지 않았다.

미국은 하미드 카르자이를 앞세워 독재 정부를 세웠다. 카르자이는 아프가니스탄 태생의 파슈툰족 출신으로 한때 CIA에 협력했고 초기 탈레반 정권에서 장관을 지냈다. 카르자이는 미국의 하수인이긴 했지만 꼭두각시는 아니었다. 카르자이 정부는 세 가지 실질적 권력 기반을 갖고 있었다. 첫째는 물론 미군이었다. 둘째는 북부동맹으로, 이들은 미국과 싸울 마음은 없었지만 언젠가는 미국이 떠나 주기를 바랐다. 셋째는 파슈툰족의 일정한 지지였다.

이때 또 다른 이상한 일(매우 중요한 일이지만 공개적으로 거론되는 경우는 거의 없는)이 벌어졌다. 점령군에 맞서 아무런 저항이 없었다는 점이다. 아프가니스탄은 이라크가 아니었다. 이라크에서는 점령 첫 주부터 바그다드에서 저항이 일어났다. 소련이 아프가니스탄을 침공했을 때도 그랬다. 그러나 이번에는 아무런 저항이 없었다. 총격도, 로켓 공격도, 자동차 폭탄도 없었다. 첫 2년 동안 저항이 거의 없었고 3년째에는 아주 조금 있었다. 사태가 급변한 것은 그 다음부터였다.

저항이 왜 없었는지 설명하기는 간단하다. 아프가니스탄인들은 무려 23년 동안 전쟁에 시달렸다. 주변 사람들의 죽음, 절망적인 불안, 만인의 만인에 대한 투쟁으로 점철된 세월이었다. 탈레반이나 이슬람주의자들에 대한 열렬한 지지는 거의 없었다. 사람들은 끊임없는 공포에서 벗어날 수만 있다면 무엇이든 받아들일 태세였다. 또한 사람들은 미국이 아프가니스탄에 재건과 경제 발전을 가져다주리라 기대했다. 수백만 명에 이르는 난민들은 마침

내 고향으로 돌아갈 수 있다고 생각했다. 실제로 사람들이 고향으로 돌아오기 시작했다. 탈레반의 가장 강력한 기반이었던 칸다하르에서조차 사람들은 사태를 관망했고 외세에 대한 혐오보다 평화를 바라는 염원이 훨씬 더 강력했다.[18]

2004년의 선거 결과는 평화와 변화에 대한 갈망을 분명히 보여 줬다. 미국은 카르자이를 위협할만한 어떠한 후보도 출마하지 못하게 했다. 그러나 아주 많은 아프가니스탄인들이 카르자이에게 표를 던졌다. 탈레반은 투표 참가자나 투표소를 공격할 엄두를 내지 못했다. 그랬다면 사람들의 분노를 자아냈을 것이다. 사람들이 카르자이를 지지했기 때문은 아니다. 다만 평화와 민주주의를 염원했기 때문이다.

그러나 이 염원은 철저히 배신당했다.

저항의 뿌리

일단 미국의 존재를 용인했던 아프가니스탄인들이 왜 2004년부터 반대하게 됐는지를 이해하려면 먼저 '재건'의 실체를 봐야 한다.[19] 미국이 아프가니스탄을 재건해 주기를 바란 것은 아프가니스탄인만이 아니었다. 유럽에서도 거의 모든 사람들은 미국이 아프가니스탄에 상당한 원조를 제공할 것이라고 생각했다. 나는

2002년에 재건 따위는 없을 것이라고 주장했다. 아무도 믿지 않았고 심지어 전쟁저지연합의 사람들도 내 말을 믿지 않았다. 당시 아프가니스탄인들과 유럽인들은 미국이 자기네 이익을 생각해서라도 당연히 아프가니스탄을 재건할 것이라고 믿었다.

사실 미국 정부는 과거에도 베트남, 라오스, 캄보디아, 파나마를 재건하는 데 아무런 관심이 없었다. 소말리아와 아이티는 쑥대밭으로 만들어 놓고 그대로 방치해 버렸다. 훗날 이라크를 통해 만천하에 드러날 터였지만, 미국 정부에게는 재건 개념이 없었다.

한편으로 그 이유는 일단 미국에게 대들면 영원히 비참해진다는 본보기를 세워야 했기 때문이다. 그러나 다른 한편으로는 미국 정부가 국내에서도 사회복지를 포기했기 때문이기도 하다. 2005년에 목격했듯이 미국 정부는 뉴올리언스*를 바그다드처럼 취급했다. 그들은 국내에서도 가동하지 않는 복지 프로그램을 해외에서 가동할 수가 없었다. 예를 들어, 사담 후세인은 모든 이라크인들에게 먹고살기 충분한 만큼의 식량을 배급했다. 그런데 미국 정부는 이라크 침공 직후 가장 먼저 이 배급을 중단하려 했다. 그러나 식량 배급을 중단하면 굶주린 사람들이 반란을 일으킬 수 있다는 설명을 듣고 미국 정부는 결국 식량 배급을 유지하기로

---

* 뉴올리언스는 미국 루이지애나 주에서 가장 큰 도시다. 2005년에 허리케인 카트리나를 맞아 도시 전체가 물에 잠겨 극심한 피해를 입었다. 당시 조지 부시 행정부는 늑장 대처로 일관해 국제적 빈축을 샀다.

결정했다. 이 사실은 미국인들에게는 철저하게 비밀에 부쳐졌다. 미국에서도 수많은 어린이들이 굶주리는 마당에 그 사실이 알려졌다간 큰일 날 판이었기 때문이다.

그래서 아프가니스탄에 대한 개발 원조는 거의 없었고, 예외적으로 카불의 주민들 200만 명에게만 식량이 공급됐다. 그러나 결정적으로, 그나마 제공된 원조도 NGO들이 착복했다. 1980년대부터 아프가니스탄 정부는 사실상 제 기능을 거의 못했다. 정부의 기본적 업무(도로 관리, 식량 수송, 교육과 의료 제공 등)는 거의 외국계 NGO가 도맡아 했다. 탈레반 치하에서 정부는 법질서 유지와 종교적 구실만 맡았고 나머지는 NGO가 처리했다. 카르자이 치하에서 정부 기능이 약간 확대되기는 했지만 NGO가 여전히 대부분의 일을 한다.

NGO는 두 가지 방법으로 원조를 착복했다. 첫째는 봉급과 수당이었다. 예를 들어, 카불에서 NGO 간사들이 살만한 주택(높은 담장, 경비원, 방호防護 시설이 달린)의 임대료는 한 달에 2000~1만 달러 정도다. 이에 반해 아프가니스탄 노동자 일인당 월 평균 소득은 30달러도 되지 않는다. 더구나, 카불의 주거 지역은 1980년대 이슬람주의 정당들 간의 내전으로 대부분 파괴됐고 그 후 복구되지 않았다.[20] 고참 NGO 간사들은 아프가니스탄 장관들보다 훨씬 더 많이 번다. 카불의 한 NGO 사무실에서 일하는 외국인 간사 한 명의 월급은 같은 사무실에서 일하는 현지인 스무 명의 월급을 다 합친 것보다 많았다. 이는 외국인 간사에게 딸려 오는 자가용과 운전기사는 뺀 수치다. 게다가 현지인들이 일을 더 잘하고 대게는 경험도 더 많으며 언어 장벽도 없다. 그러나 외국인 간사들은 이처럼 말도 안 되는 수입 격차를 합리화하려고 현지인 동료들을 모자란 사람 취급한다.

아프가니스탄인들은 또한 NGO의 고위급 외국인 간부들이 돈을 횡령하거나 뇌물을 받는다고 주장한다. 급진 정치 성향의 경험 많은 개발 요원들은 아마도 그 말이 사실일 거라 말한다. 물론 아프가니스탄인들이 부패를 과장했을 수도 있다. 그들이 기대한 것은 미국의 원조였지만 막상 눈에 보이는 것은 믿기 힘들 정도로 풍족한 NGO 활동가들의 삶이었으니 말이다. NGO들은 아프가니스탄의 도시 불평등이 심해지는 데도 일조했다. 또, 외국인들뿐 아니라 일부 현지인들도 가세한 온갖 낭비와 음주·파티 문화, 그리고 절망적 소외를 조장하는 데도 일조했다. 아프가니스탄에는 이전에도 성매매가 있었지만 NGO가 들어오면서 중산층의 성매매가 널리 확산됐다. 2006년에 미군이 보행자를 치어 죽였는데 이에 항의하는 성난 시위대에게 발포해 소요가 발생했다. 그때 아프가니스탄인들이 카불의 NGO 사무실들을 불 질렀던 것은 바로 이런 이유에서였다.[21]

탈레반의 강점 가운데 하나는 아프가니스탄 민간인을 상대로 자살 폭탄 공격을 벌이지 않는다는 것이다. 드물게 민간인을 상대로 테러가 발생하면 탈레반은 자신들이 연루되지 않았음을 공개적으로 밝힌다. 그러나 탈레반은 외국인 NGO 간사들을 죽이는 것은 꺼리지 않는다. 사람들이 그만큼 NGO를 혐오하기 때문이다. 사람들은 경제 발전을 기대했지만 그들에게 돌아온 것은 아무 것도 없었다.

저항이 증가하는 두 번째 주요 이유는 점령군의 행동이다. 미군 병사 조니 리코는 우르즈간 주州에서 복무했다. 그의 책 ≪피가 푸른 잔디를 키운다≫는 자신의 부대에서 발생한 사건들을 묘사하는데, 그의 묘사는 다른 파편적 언론 보도와 맞아 떨어진다.[22] 리코의 부대원들은 전장에 투입되도록 훈련 받은 젊은이들이었다. 그들은 부대 밖에 "적"들이 있고, 그들을 찾아 순찰을 돌 거란 말을 들었다. 병사들은 '전투'를 고대했고(비록 나중에 진짜 전투를 경험하고서 충격을 받기는 했지만) '진짜 사나이'가 되길 원했다.

병사들은 순찰을 돌면서 문을 박차고 들어가 사람들을 거칠게 다뤘고, 마치 싸우고 싶어 안달이 난 것처럼 행동했다. 마침내 누군가 병사 한 명을 쏘자 그들은 공중폭격을 요청했다. 이에 격분한 가족과 주민들이 그 다음 주에 이 부대를 공격하자 이들은 더 많은 공중폭격을 요청했다. 마침내 격노한 민간인들은 '탈레반'이 됐고 이 계곡은 교전 수칙에 제한을 받지 않는 특수부대의 관할로 넘어가 쑥대밭이 됐다. 그리고 나서야 미군은 이 계곡을 떠났다. 이런 패턴이 동부와 남부의 파슈툰족 지역 곳곳에서 되풀이 됐다. 애초에 미군이 파슈툰족 지역을 순찰이 필요한 지역으로 지정했기 때문에 파슈툰족의 저항이 시작된 것이나 다름없다.

저항을 낳은 세 번째 요소는 불안정이다. 앞서 살펴봤듯이 아프가니스탄인들은 처음에는 미국의 지배를 어느 정도 용인했다. 아프가니스탄에서는 기초적인 치안도 유지되지 않았던 것이 부분적인 이유였다. 그러나 점령군은 치안을 돌보지 않았고 사법 기능을 수행하지도 않았다. 오히려 점령군 자신이 예측 불가능한 커다란 위험 요소의 하나였다. 게다가 아프가니스탄의 대부분 지역에서 공식 법원이나 제대로 된 경찰이 존재하지 않았다. 미군이 점령군으로 들어오고 난민들 다수가 고향에 돌아온 뒤로 토지 소유권은 훨씬 더 불분명해졌다. 새로운 대지주들이 예전처럼 힘을 과시해야 하는 상황이었다.

네오 탈레반

굶주리고, 공포에 질리고, 분노한 아프가니스탄인들은 2004년부터 다시 싸움에 나섰다. 처음에 저항은 동부와 남부의 파슈툰족 지역에서 시작됐다. 내가 아는 한, 이 저항은 지역 수준의 일정한 공조는 있지만 기본적으로 옛날처럼 각각의 마을들이 알아서 싸우는 식의 반란이다. 어떤 정치세력을 따르는지를 질문 받으면 대다수 저항 세력은 탈레반을 따른다고 답한다. 1980년대 최대의 이슬람주의 정당을 이끈 헤크마티아르를 따른다는 답변도 심심치 않게 나온다. 탈레반이나 헤크마티아르나 2001년에는 대중의 지지를 받지 못했던 세력이다. 그러나 오늘날, 특히 탈레반은 파슈툰 지역에서 꽤나 광범한 지지를 받는다. 이유는 간단하다. 탈레반이 처음부터 점령에 협력하지 말고 저항하자고 공공연하게 호소한 유일한 세력이기 때문이다. 촌락 주민들이 어쩔 수 없이 저항에 나섰을 때, 그들은 저항을 처음 호소했던 지도자들을 바라보기 마련이다.

탈레반도 지난 경험에서 배워 전략을 수정하는 등 상당한 정치적 영리함을 보여 줬다.[23] 탈레반은 민간인들을 상대로 자살폭탄 공격을 하지 않았다. 최근 탈레반은 파슈툰족 우월주의를 내비치지 않으며, 오히려 모든 무슬림이 단결해 싸워야 한다고 강조했다. 과거에 정권을 잡았을 때 탈레반은 음악과 비디오를 금지했지만, 지금은 선전 비디오와 탈레반 노래를 담은 테이프를 생산한다.

또한, 비록 2001년부터 아프가니스탄의 정치가 종족을 기준으로 파편화하기는 했지만, 이라크와는 달리 점령군의 분열 지배 전략이 잘 먹혀들지 않았다. 북부동맹 병사와 경찰은 파슈툰족 지역으로 들어가 싸우지 않았고 카불 주변에서 탈레반과 대결하지도 않았다. 점령군은 거의 혼자 힘으로 저항에 대처해야 했다.

지금까지는 종족 간 다툼이 일어나지 않았다.

2006년부터 저항은 파슈툰족 지역을 벗어나 확산되기 시작했다. NGO들은 자기 사람들이 안전하게 통행할 수 있는 지역을 표시한 특별 지도를 제작했다. 이 지도를 보면, 2006년 초에는 중부·서부·북부의 거의 모든 곳이 안전했다. 그러나 2008년이 되자 아프가니스탄의 거의 모든 곳이 위험해졌다. 2008년 여름 동북부의 누리스탄에서는 와이갈 계곡 폭격에 대한 보복으로 주민들이 미군 11명을 사살하면서 미군을 이 지역에서 철수하게 만들었다. 이렇게 누리스탄은 파슈툰족 지역이 아닌 곳 중에서는 점령 이후 최초로 완전히 독립된 주州가 됐다. 2008년 8월 하순 탈레반은 카불에서 남쪽으로는 칸다하르로, 동쪽으로는 파키스탄으로 통하는 도로를 장악했다. 그들은 곧 북쪽 도로도 봉쇄할 것이다. 그렇게 되면 탈레반은 카불로 들어가는 식량과 연료 공급을 끊을 수 있게 된다. 미국은 200만 명분의 식량과 물자를 공수할 능력이 없다. 현재 점령은 심각한 패배를 향해 가고 있다. 2006년에는 헬만드 주의 상긴 지역에 주둔하던 영국군 기지가 3주 동안 포위·고립되기도 했다. 너무 위험하다는 이유로 헬기가 보급품을 공수하러 가지도 못하는 가운데 기지에서는 탄약이 거의 바닥나고 있었다. 하루만 더 지났어도 탄약이 완전히 바닥나 전 부대원이 몰살당할 뻔 했다. 와이갈에서도 미군 11명이 목숨을 잃은 데다 많은 병사가 부상을 입어서 거의 전멸할 뻔했다. 카불에서 카이바르 고개를 지나 파키스탄으로 통하는 주요 도로상에 놓인 마을인 사로비에서 프랑스군은 한 번의 전투로 열 명을 잃었다. 탈레반은 또한 아프가니스탄의 제2 도시 칸다하르에서 감옥을 부수고 정치수 450명을 풀어 줬다. 아프가니스탄 어딘가에서 기지 하나가 통째로 박살 나는 것은 시간문제다. 단 하루 사이에 영국, 캐나다, 프랑스, 네덜란드, 또는 미군 병사 40~50명이 죽는 상황을 상상해 보라. 관련된 마을 주민들에는 피의 보복이 뒤따르겠지만, 참전국에서는 철군 여론이 들끓을 것이다.

이제 아프가니스탄인들은 미국의 패배를 예견하고 있다. 그들은 영국을 세 차례 격퇴했고 최근에는 소련을 상대로 승리한 기억도 있다. 동시에 이들은 승리의 대가가 엄청나게 비싸리라는 점도 알고 있다.

지난달[2008년 9월]에 카불에 살고 있는, 탈레반 지지자가 아닌 한 아프가니스탄 친구가 내게 연락해서 자기 가족 모두가 이제는 전쟁이 곧 카불까지 확대될 것임을 느끼고 있다고 전해 줬다. 이 친구는 2년 안에 파슈툰족만이 아니라 우리 모두 함께 싸우게 될 것이라고 말했다. 내 친구와 그 가족은 싸움을 바라지 않는다. 오히려 무서워한다. 그러나 그것이 필요한 싸움임을 알고 있다.

카르자이 정부는 미국에 맞서라는 압력을 받고 있다. 카르자이는 선출된 의회에서 북부동맹과 서부 헤라트 지역의 대표들,

그리고 남부 파슈툰족 지도자들의 지지에 의존한다. 그래서 정부는 어쩔 수 없이 점령군의 민간인 폭격에 반대하는 목소리를 내야 했다. 외신 기자들과 유엔 감시관들이 폐허가 된 도시들을 시찰한 뒤로 몇 군데에서는 정확한 사망자 집계가 나오기도 했다. 카르자이는 자기의 승인 없이는 미국 점령군이 어떤 마을도 폭격할 수 없다는 성명을 발표해야 했다. 미군은 이를 수용할 수 없다. 대규모 폭격은 미군의 유일한 전술이자 방어 수단이기 때문이다. 게다가 북부동맹, 마자르 지역의 도스툼과 그의 우즈베크족 민병대, 서부 헤라트 지역의 이스마엘 칸 휘하 조직들도 바람이 어느 쪽으로 불고 있는지를 직감하고 있다. 즉, 미국과의 동맹 관계를 청산할 시점이 다가오고 있는 것이다.

아프가니스탄의 페미니스트들은 거의 모두 점령군, NGO, 카르자이 정부와 협력했다. 옛 공산주의자들, 돌아온 아프가니스탄계 미국인들, '근대화' 세력들, '세속적' 자유주의자들도 마찬가지였다. 이들 중 다수가 소련군의 점령을 지지한 탓에 페미니즘과 사회주의가 한 세대 동안 자취를 감췄다. 그랬던 이들이 이제는 미군 점령을 지지하고 있다. 라와Rawa(혁명적아프가니스탄여성연합) 같은 옛 공산주의나 마오쩌둥주의 조직 중 일부는 미군이 철수해야하지만 다른 나라 점령군은 유엔군의 자격으로 계속 남아야 한다고 주장한다. 이것은 아무 것도 바꾸지 못하며, 진지한 주장이라고 볼 수도 없고, 결국 저항 대신 점령을 펀드는 것에 불과하다.

서구의 사회주의자, 세속주의자, 페미니스트 일부는 우익 이슬람주의 세력이 저항을 이끌고 있는 점을 걱정한다. 그러나 이는 상황을 거꾸로 이해한 것이다. 우익 이슬람주의 세력이 저항을 주도하는 이유는 좌파들과 세속주의자들이 점령군의 편에 섰기 때문이다. 뒤늦게 저항의 길을 선택한 평범한 아프가니스탄인들이 처음부터 저항을 호소했던 사람들을 따르는 것은 당연한 이치다. 소련 점령기의 공산주의자들에 비해 열정도, 용기도, 원칙도 한참 모자라는 사람들이 선배들의 비극적 실수를 똑같이 반복하고 있는 셈이다.

이런 악순환에서 벗어날 길은 있다. 다만 해답은 아프가니스탄이 아니라 아프가니스탄 전쟁에 빨려 들어오고 있는 파키스탄에 있다.

파키스탄의 중요성

페르베즈 무샤라프 치하의 파키스탄 군부독재 정권은 탈레반과 관계를 끊고 미국의 점령을 도우면 외채를 대대적으로 탕감해 주겠다는 미국의 유혹과 압력에 넘어갔다. 그러나 아프가니스탄 점령은 이제 파키스탄 내의 불안정도 심화시키고 있다. 파키스탄의 발로치스탄 주州와 파슈툰족이 거주하는 북서변경주州는 아프가니스탄과 국경을 맞대고 있다. 1980년대에 이 지역 주민들은 아프가니스탄 난민들을 동정하며 환대했고 현재는 아프가니스탄의 저항운동에도 지지를 보내고 있다.

파키스탄 내에서 파슈툰족이 거주하는 지역 가운데 평야 지역은 중앙정부의 통제 아래에 있다. 그러나 파슈툰족 수백만 명이 국경의 산악 지대에 산다. 이곳은 영어로는 '[소수] 부족' 지역으로, 파슈토어로는 '자유' 지역*으로 불리는 곳이다. 이 지역은 과거 영국에게도 점령된 적이 없었고 파키스탄 군대도 최근까지는 이 지역을 점령하려고 시도하지 않았다. 이 지역 주민들은 한 세기가 넘도록 사실상 자치권을 누리며 살았다. 2001~2002년에 오사마 빈 라덴과 다수의 탈레반 출신자들이 이 지역으로 흘러들어왔다. 그 후에 이 지역 민병대와 난민들은 '현지 탈레반' 민병대를 조직하고 아프가니스탄에서 건너온 탈레반들에게 피난처를 제공했다. 아프가니스탄에서 저항이 일어나자 미국은 파키스탄 정권에게 '현지 탈레반'을 공격하라고 압력을 넣었다.

그러나 파키스탄 정부는 현지 탈레반과의 전투에서 병사 400명을 잃고 난 뒤 2006년 9월에 와지리스탄 북부의 현지 탈레반 세력과 공식적인 평화협정을 맺었다. 평화협정의 내용은 다음과 같았다. 파키스탄군은 이 지역에서 철수하고 현지 탈레반이 아

---

* 소수부족보호지역FATA을 뜻함.

프가니스탄과 연결되는 도로와 국경의 모든 검문소를 통제한다. 파키스탄 정부는 모든 탈레반 수감자를 석방하며 몰수된 무기와 차량을 모두 반환한다. 파키스탄군에게 희생된 전투원과 민간인의 유가족에게는 보상금을 지급한다. 파키스탄군의 폭격에 집을 잃은 사람들에게도 보상금을 지급한다. 모든 외국인(알카에다를 의미)은 부족장의 허가를 받으면 와지리스탄에 거주할 수 있다.

이 같은 협정은 현지 탈레반이 완벽에 가까운 승리를 거뒀음을 뜻한다. 아프가니스탄 탈레반은 이제 피난처와 캠프를 구축할 진지를 얻었고 50만 명에 달하는 현지 주민들 사이에서 저항군 자원자들을 모집할 기회를 얻었다. 이 평화협정은 미국에서 거의 보도되지 않았지만 미군과 부시 정부는 격분했다. 그들은 무샤라프에게 파슈툰족들이 사는 국경 지역에 맹공을 퍼부으라고 촉구했다. 무샤라프로서는 대단히 꺼려지는 일이었다. 맹공을 퍼부으려면 융단폭격을 해야 할 텐데, 그러면 엄청난 민간인 희생자가 발생할 것이다. 세계의 어떤 정부도 자국민의 상당수를 대상으로 전쟁을 벌이기는 쉽지 않다. 파키스탄군 장교와 사병 중 30퍼센트가 파슈툰족인 상황에서 군대가 과연 싸우려 할지도 불투명했다.

미국 정부는 상황을 쉽게 풀어가려고 무샤라프와 베나지르 부토 사이에 협정을 중재했다. 부토는 망명에서 돌아와 총리가 되고 무샤라프는 대통령직을 보장받는다는 것이 협정 내용이었다.

협정을 맺은 후 무샤라프는 이슬람주의자들이 이슬라바마드에서 운영하는 모스크[사원]와 여학교를 공격하고 접경 지역에 공군을 출격시켰다. 특히 와지리스탄 남부에 대규모 공습을 단행해 많은 사람들이 목숨을 잃었다. 부토는 파키스탄에 돌아오자마자 폭격을 더 강화하고 '현지 탈레반'과의 평화협정을 파기하고 미국을 지지할 것을 거듭거듭 주문했다. 부토는 이슬람주의자들이 파키스탄 최대의 위협이라고 주장했다.

그러나 미국의 계획은 계속 난관에 부딪쳤다. 200명이 넘는 파키스탄 병사들이 남와지리스탄에서 '현지 탈레반'에게 항복하고 며칠 뒤 풀려났다. 병사들이 사실상 전투를 거부한 것이다. 파슈툰족 지역이긴 하지만 국경에서 조금 떨어져 있어서 소수부족 보호지역은 아닌 스와트의 제2 도시에서도 파키스탄군이 총 한 번 쏘지 않고 퇴각해 버려서 현지 탈레반이 도시를 장악했다. 이때 마침 베나지르 부토가 암살됐다. 그녀의 가족은 파키스탄군이 공범이라고 비난했다. 정확히 확인할 길은 없지만, 마을을 폭격한 데 대한 보복으로 와지리스탄 출신 사람이 자살 폭탄 테러를 벌였다는 설명이 좀 더 타당한 듯하다.

이 와중에 무샤라프가 대법원장 초드리를 해임하자, 이를 규탄하는 변호사들의 격렬한 저항운동이 일어났다. 초드리는 공정하고 정직한 판사로서 무샤라프의 대선 승리가 무효라고 판결할 가능성이 높았다. 파키스탄 정보기관이 미국과 협력 하에 지하드주의자로 추정되는 파키스탄인들을 납치한 사건도 똑같이 심각한 문제였다. 초드리는 인신 보호 영장habeas corpus*과 대헌장Magna Carta**이 여전히 파키스탄에 적용된다고 주장하며 정보기관은 납치된 사람들을 법원에 출두시키라고 명령했다. 초드리가 해임되자 법정변호사, 사무변호사***, 그리고 판사들은 무샤라프가 끝까지 법과 정의를 모욕하고 부패한 시스템 속에서도 양심을 지키며 살아온 한 인물을 내친 것에 격분했다. 변호사들은 법복을 입고 행진하며 소리치고 경찰들과 충돌했다. 엄청나게 많은 사람들이 변호사들의 운동을 지지했다. 사람들이 보기에는 새로운 파키스탄을 건설하자며 들고 일어난 변호사들이야말로 부토의 파키스탄 인민당PPP과 노조들이 해야 할 일을 대신하고 있었다.

---

* 타인의 신체를 구속하는 사람에 대하여 피구금자의 신병을 법원에 제출하도록 명한 영장을 말한다. 여기에는 몇 가지 종류가 있는데, 가장 중요한 것은 구금 개시의 일시와 이유를 명시해 피구금자의 신병身柄을 법원에 제출하고, 법원의 명령을 이행·복종·수령하라고 명한다는 점이다. 이 영장은 영국 국회에서 제정한 'Habeas Corpus Acts'(1679, 1816, 1862)에 의하여 다시 수정 확대돼 현재는 영미법계 나라에 널리 보급돼 있다.

** 마그나 카르타 또는 대헌장大憲章은 1215년 6월 15일에 영국의 존 왕이 귀족들의 강요로 서명한 문서인데, 국왕의 권리를 문서로 명시한 것이다. 왕에게 몇 가지 권리를 포기하고 법적 절차를 존중하며 왕의 의지가 법으로 제한될 수 있음을 인정할 것을 요구했다. 국왕이 할 수 있는 일과 할 수 없는 일을 문서화했다.

*** 법정 변호사barrister와 소송 의뢰인 사이에서 재판 사무를 취급하는 하급 변호사로서 법정에 나서지 않는다.

변호사들의 운동, 부토의 죽음, 그리고 병사들의 전투 거부가 2008년 2월 선거를 앞두고 한꺼번에 터져 나온 것이다. 무샤라프와 미국은 선거가 진행되도록 내버려 둘 수밖에 없었다. 결국 미국은 무샤라프의 실각을 마지못해 수용했지만 파키스탄에 안정이 찾아오지는 않았다. 특히 물가 폭등은 가난한 사람들을 옥죄었다. 파키스탄인들 다수는 가난을 뿌리 뽑고 미국과의 동맹 관계를 끝내고 싶어 한다. 그러나 이들의 염원을 대변하는 세력은 사실상 전무하다. 한편 파키스탄 정부와 현지 탈레반은 접경지대 곳곳에서 평화협정을 체결하고 있는 중이다. 미국에게 이는 재앙이나 다름없다. 모든 게릴라 운동에는 안전한 피난처의 확보가 사활적인데, 이제 탈레반은 광활한 피난처를 확보하게 됐다. 미군 장성들은 아프가니스탄에서 승리하려면 파키스탄 내의 탈레반을 자유롭게 칠 수 있어야 한다고 강조한다.[24] 미군은 이미 무인 폭격기를 띄워 파키스탄의 마을들을 폭격하고 있다. [2008년] 7월에 미군은 국경 지대의 파키스탄군 초소를 공격해 11명의 파키스탄 병사들을 죽이기도 했다. 파키스탄 참모총장이 텔레비전에 나와서 파키스탄군에 대한 고의적인 공격이라고 항의했는데, 틀린 말이 아니었다.

일단 소수라도 미군이 파키스탄에 발을 들여 놓으면 파키스탄군이 분열하면서 내전이 일어날지도 모른다. 내전이 벌어지면 군대의 과반수와 파키스탄인들의 대다수는 미국에 맞서는 쪽을 택

할 것이다. 파키스탄은 이라크나 아프가니스탄이 아니다. 파키스탄 인구는 1억 7500만 명이고 카라치에만 2000만 명이 거주한다. 저항의 규모는 이라크와 아프가니스탄의 저항과는 비교할 수도 없을 만큼 클 것이다. 게다가 파키스탄에는 핵무기가 있고, 미군이 이를 탈취하려 든다면 파키스탄군은 핵을 실제로 사용해야 할 상황으로 내몰릴 수 있다.

이 모든 문제는 미국의 현 대외 정책이 얼마나 정신 나간 것인지를 보여 준다. 미국은 힘든 선택에 직면해 있다. 대대적인 폭격으로 아프가니스탄 마을들에 본때를 보여 주는 방법도 있겠지만, 그랬다가는 카르자이 정부가 무너질 것이고 미군은 아프가니스탄 내의 모든 동맹 세력을 잃게 될 것이다. 파키스탄을 침공할 수도 있겠지만, 그렇게 했을 때의 결과는 더 나쁠 수 있다. 또는 그저 상황이 좋아지기를 바라면서 살육의 강도를 조금씩 높여가고 계속해서 미국과 유럽 병사들의 생명을 제물로 바칠 수도 있다. 아니면 협상하고 떠날 수도 있다. 이미 유럽연합과 카르자이는 탈레반과 교섭했고, 카르자이는 아직도 저항 세력과의 대화 채널을 열어 두고 있다. 미국도 아마 비공식적으로는 저항 세력과 대화하고 있을 것이다. 탈레반은 외국군이 모두 철수한다면 연립정부 제안을 받아들일 용의가 있다고 한다. 정말이지 지금은 외국군의 전면 철수 없이는 평화를 논하는 것이 불가능한 상황이다. 점령군이 조금이라도 남는다면 누군가는 이들에 맞서 싸울 테고 전쟁은 곧바로 재개될 것이다.

연립정부도 썩 좋은 해결책은 아니다. 인접국들은 각자 아프가니스탄에 있는 자기 동맹 세력들을 후원할 것이다. 우즈베키스탄과 러시아는 도스툼을, 인도는 타지크족 이슬람주의자들을, 파키스탄은 탈레반을, 이란은 헤라트 지역의 이스마엘 칸을 각각 지지할 것이다. 아프가니스탄은 여전히 잔혹한 지주들이 판치는 가난에 찌든 지뢰밭으로 남을 것이다. 게다가 아프가니스탄 내의 여러 세력들이 단지 서로의 힘을 가늠해 보기 위해서라도 싸움을 재개할 가능성도 있다. 마지막으로, 어떤 연립정부가 들어서든 간에 그 정부는 우익 정부일 것이다. 현존하는 주요 정치 세력들이 모두 우익이기 때문이다.

물론 우익 정부가 들어서더라도 미국, 영국과 나머지 점령군들이 버티고 있는 지금의 생지옥보다야 훨씬 나을 것이다. 또, 미국·영국·캐나다·프랑스의 병사들이 다른 이유도 아니고 오직 시간을 벌기 위해 총알받이로 투입되고 있다는 사실을 잊어서는 안 된다.

어쨌든 협상을 통한 해결과 철수는 결국 '테러와의 전쟁'의 실질적 종식, 즉 미국의 패배를 뜻할 것이다. 그것은 미국의 세계 패권에 엄청난 타격을 줄 것이다. 베트남전에서 패배한 후 한 세대 동안 미국인들은 해외파병을 거부했다. 아프가니스탄에서 패배한다면 똑같은 일이 벌어질 것이다. 그것은 사실상 미국의 세계 패권이 종식되는 것과 같다.

단지 시간을 벌려고 하는 미국의 전략도 갈수록 가망이 없어지고 있다. 저항이 성장함에 따라 사태 전개가 점점 빨라지고 있고 미군이 취할 수 있는 선택의 폭도 급속히 좁아지고 있다. [파키스탄 침공의] 정확한 시점을 예측하기란 불가능하다. 그러나 2008년 9월 첫 주에 미 지상군이 파키스탄 국경을 넘어 와지리스탄에서 민간인 스무 명을 사살했다. 〈뉴욕타임스〉는 미군 정보통의 말을 인용해 이것은 계획된 이월移越 작전의 시작일 뿐이고, 이미 국경을 사이에 두고 미군과 파키스탄인들이 여러 차례 총격을 주고받았다고 보도했다.[25] 압력은 점점 거세지고 있다.

그런데 이런 상황에서도 북미, 유럽, 인도, 파키스탄의 많은 좌파들과 평화 운동가들은 아프가니스탄에서 미국이 실제로 떠나는 것을 바라지 않는다. 그들은 탈레반을 배제한 모종의 점진적 타협이 성사되기를 바란다. 이것은 몽상이다. 탈레반은 솔선수범으로 현재의 영향력을 획득했다. 그런 생각은 또한 자기기만이기도 하다. 아프가니스탄의 진보 세력과 좌파는 잔혹한 제국주의 학살을 계속해서 편들었다. 아프가니스탄에서 우익이 강력한 것은 바로 이 때문이다.

결국 해결책은 역사의 교훈을 배우는 데에 있다. 군사 쿠데타와 전투 헬기는 해방을 가져오지 못한다. 상명하달식의 반민주적 독재는 옳지 않을 뿐 아니라 좌파가 자멸하는 길이다. 우리에게는 새로운 사회주의가 필요하다. 아니, 정확히 말하면 민주주의와 해방에 기초한 원래의 사회주의 이상으로 되돌아가는 것이 필요하다. 또한 우리에게는 점령의 물타기가 아닌, 진정한 평화를 주장하는 평화운동이 필요하다.

아프가니스탄 내부에서 이런 운동이 가까운 시일 내에 건설되기는 힘들다. 아프가니스탄은 그런 일이 일어나기에는 너무나 가난하고 너무 많은 배신을 당했으며 너무도 고통이 넘치는 곳이다. 그러나 유럽에서는 민주적 사회주의와 평화운동이 건설될 수 있다. 결정적으로 이런 운동이 파키스탄에서도 건설될 수 있다. 파키스탄의 주류 정치 세력들은 대부분 미국에 도전하길 거부하지만 반미 여론은 더 없이 강력하고 선명하다. 파키스탄 좌파의 대부분은 너무 오랫동안 지하드주의자와 탈레반을 주적으로 여겼다. 앞으로 몇 달이나 몇 년 안에 파키스탄에서는 미국에 맞서는 항쟁이 발생할 가능성이 높다. 이런 순간이 왔을 때 파키스탄 좌파가 강력하고 열정적으로 거리의 운동을 확산시킨다면 아프가니스탄의 정치도 바뀔 수 있다.

나는 아프가니스탄인들이 예전에 그랬듯이 이번에도 점령에 맞서 승리하기를 염원한다. 빠른 시일 내에 아프가니스탄에 평화가 깃들기 바란다. 이들이 겪은 고통은 이제까지로 충분하다.

주

1 이 글은 다음 몇 가지 자료를 토대로 썼다. 1971년~1973년 아프가니스탄에서 쓴 내 현지 조사 논문(13년 동안 낸시 린디스판(태퍼)과 나눈 대화, 아프가니스탄인들과 나눈 대화가 포함됨). 아프가니스탄 관련 좋은 책과 논문들은 대부분 아프가니스탄인들과의 대화에 의존해 쓰여서 주석이 드물고, 그래서 주석을 달기 힘들다. 만약 이 글에서 주석이 달리지 않은 주장은 그런 문헌을 참조했다고 보면 된다. 이 논문에서 다룬 주제의 대다수는 Neale, 1981, 1988, 2001, 2003에서 더 상세히 다뤘다.

2 아프가니스탄 공산당과 관련해서는 Anwar, 1988이 가장 좋다. Male, 1982, Emadi, 1990, Bradsher, 1985, Cordovez and Harrison, 1995도 유용하다.

3 1960년대와 1970년대 아프가니스탄 사회상을 다룬 가장 좋은 자료는 인류학자들이 쓴 민족학 서적이 있다. 특히 Doubleday, 1988, Canfield, 1973, Shahrani, 1979, Azoy, 1982, Jones, 1974, Barfield, 1981이 좋고, 아프가니스탄의 성(性)에 관해 이해하려면 Tapper, 1991이 필수다.

4 이 강력한 지주들은 지역에 따라 베그(beg), 아르밥(arbab), 말릭(malik), 패드샤(padshah) 등 다른 이름으로 불리기도 했다.

5 1970년대의 개발 제한 구조를 알려면 Fry, 1974를 보라.

6 파르시어는 종종 공식석상에서는 '다리어'라고도 불리는데 이란의 통용어와 구분하기 위함이다.

7 요즘에는 아프가니스탄 공습의 책임을 시인하거나 공습의 이유를 아는 소련 엘리트를 찾기 힘들다. 대체로 게 레오니드 브레즈네프가 공습의 책임자로 언급되며 선전포고를 미리 했다고 한다. 아프가니스탄과 군 전문가라면 십중팔구 선전포고를 했을 것이다. 이와 관련해서는 Cordovez and Harrison, 1995를 참고하라.

8   Kakar, 1992. 이 시위에 직접 참가했기 때문에 잘 묘사했다.

9   가장 신중한 사망자 수치는 Khalidi, 1991.

10 소련에 맞선 아프가니스탄의 저항을 다룬 책은 Dorronsoro, 2005, Roy, 1986, Bonner, 1987이 있다.

11 CIA의 구실을 다룬 가장 좋은 자료는 Crile, 2003.

12 정당 몇 개가 더 있었고 대부분은 이란과 연관이 있었으며 하자라자트의 중부 산악지대에서 활동했다.

13 파키스탄에 관련해서는 Asad and Harris, 2003, 아프가니스탄과 관련해서는 MacDonald, 2007이 용감하고 현명하며 중요한 책이다.

14 이 관점은 Dorronsoro, 2005에서 강하게 제기됐으며 과거 30년 전쟁을 다룬 최고의 아프가니스탄 역사책이다. 탈레반과 관련해서는 Rashid, 2002, Rubin 2002, Marsden, 1998, Maley, 1998, Griffin, 1998을 보라.

15 처음에는 꽤 많은 수가 전(前) 칼크 공산주의 군대 장교 출신이었지만 곧 숙청당했다.

16 많은 문헌이 이를 알려 준다. Suskind, 2004를 보라.

17 이 협정에 대해서는 인쇄된 자료는 없지만 아프가니스탄인들이 광범하게 알고 있다.

18 차에스, 2007에서 자세히 서술됐다. 존슨과 레슬리, 2004도 끊임없는 불안전에서 얼마나 살기 힘든지 잘 설명했다. Klaits and Gulmanadove-Klaits, 2006은 매우 감동적이며 지난 20년간 평범한 아프가니스탄인들이 겪은 삶을 이해하는데 가장 좋은 문헌이다.

19 점령 하의 아프가니스탄인들을 이해하는 데는 주로 아프가니스탄인·외국계 NGO 고용인과의 대화, 영국의 방송 〈채널4〉, 신문으로는 〈인터내셔널 헤럴드 트리뷴〉, 〈가디언〉, 〈인디펜던트〉, 〈파이낸셜 타임스〉, 〈다운〉, 〈프론티어〉, 〈소셜리스트 워커〉가 도움이 됐다. Dorronsoro, 2005, Giustozzi, 2007, Ali, 2008, Rostami-Povey, 2007, Rico, 2007, Rodriguez, 2007도 유용하다.

20 카불 엘리트의 주택을 알려면 Fontenot and Maiwandi, 2007을 보라.

21 Rodriguez 2007을 보라. NGO의 세계와 카불 중간계급의 퇴폐를 가장 잘 다루고 있다.

22 Rico, 2007.

23 신탈레반 내부의 변화를 보려면 Giustozzi, 2007을 보라.

24 이 논의는 〈헤럴드 트리뷴〉, 〈파이낸셜 타임스〉, 〈인디펜던트〉, 〈소셜리스트 워커〉, 〈채널4〉에서 보도됐다.

25 〈인터내셔널 헤럴드 트리뷴〉, 2008년 9월 6일치.

참고 문헌

Ali, Tariq, 2008, "Afghanistan: Mirage of the Good War", *New Left Review* 50 (March-April 2008), www.newleftreview.org/?page=article&view=2713

Azoy, Whitney, 1982, *Buzkashi*(University of Pennsylvania).

Anwar, Raja, 1988, *The Afghan Tragedy*(Verso).

Asad, Amirzada, and Robert Harris, 2003, *The Politics and Economics of Drug Production on the Pakistan-Afghanistan Border: Implications for a Globalized World*(Ashgate).

Barfield, Thomas, 1981, *The Central Asian Arabs of Afghanistan*(Texas University).

Bonner, Arthur, 1987, *Among the Afghans*(Duke University).

Bradsher, Henry, 1985, *Afghanistan and the Soviet Union*(Duke University).

Canfield, Robert, 1973, *Faction and Conversion in a Plural Society*, Anthropological Papers 50, University of Michigan.

Chayes, Sarah, 2007, *The Punishment of Virtue*(Protobello).

Cordovez, Diego, and Selig Harrison, 1995, *Out of Afghanistan*(Oxford University).

Crile, George, 2003, *My Enemy's Enemy*(Atlantic). 나중에 *Charley Wilson's War*로 출간됐다.

Dorronsoro, Gilles, 2005, *Revolution Unending: Afghanistan: The Mirage of Peace* (Hurst).

Doubleday, Veronica, 1988, *Three Women of Herat*(Cape).

Emadi, Hafizullah, 1990, *State, Revolution and Superpowers in Afghanistan* (Praeger).

Fontenot, Anthony, and Ajmal Maiwandi, 2007, "Capitol of Chaos: The new Kabul of Warlords and Infidels", in Mike Davis and Daniel Monk (eds), *Evil Paradises: Dreamworlds of Neoliberalism*(The New Press).

Fry, Maxwell, 1974, *The Afghan Economy*(Brill).

Giustozzi, Antonio, 2007, *Koran, Kalashnikov and Laptop: The neo-Taliban Insurgency in Afghanistan*(Hurst).

Griffin, Michael, 1998, *Reaping the Whirlwind: The Taliban in Afghanistan*(Pluto).

Johnson, Chris, and Jolyon Leslie, 2004, *Afghanistan: The Mirage of Peace*(Zed).

Jones, Schuyler, 1974, *Men of Influence in Nuristan*(Seminar).

Kakar, MH, 1992, *Afghanistan : The Soviet Union and the Afghan Response, 1979-1982*(California University).

Khalidi, NA, 1991, "Afghanistan: Demographic Consequences of War, 1978-1987", *Central Asian Survey*, volume 10, number 3.

Klaits, Alexander, and Gulchin Gulmandova-Klaits, 2006, *Love and War in Afghanistan*(Seen Stories).

MacDonald, David, 2007, *Drugs in Afghanistan: Opium, Outlaws and Scorpion Tales*(Pluto).

Male, Beverly, 1982, *Revolutionary Afghanistan: A Reappraisal*(Croom Helm).

Maley, William (ed), 1998, *Fundamentalism Reborn? Afghanistan and the Taliban* (Hurst).

Marsden, Peter, 1998, *The Taliban: War, Religion and the New Order in Afghanistan*(Zed).

Neale, Jonathan, 1981, "The Afghan Tragedy", *International Socialism* 12, www.marxists.de/middleast/neale/afghan.htm

Neale, Jonathan, 1988, "Afghanistan: The Horse Changes Riders", *Capital and Class* 35(summer 1988), www.marxists.de/middleast/neale/horse.htm

Neale, Jonathan, 2001, "The Long Torment of Afghanistan", *International Socialism* 93(winter 2001), http://pubs.socialistreviewindex.org.uk/isj93/neale.htm

Neale, Jonathan, 2003, "Afghanistan", in Reza Farah (ed), *Anti-Imperialism: A Guide for the Movement*(Bookmarks).

Rashid, Ahmed, 2002, *Taliban: Islam, Oil and the New Great Game in Central Asia*(Tauris).

Rico, Johnny, 2007, *Blood Makes the Grass Grow Green*(Presidio).

Rodriguez, Deborah, 2007, *The Kabul Beauty School*(Hodder).

Rostami-Povey, Elaheh, 2007, *Afghan Women: Identity and Invasion*(Zed).

Roy, Olivier, 1986, *Islam and Resistance in Afghanistan*(Cambridge University).

Rubin, Barnett, 2002, *The Fragmentation of Afghanistan*(Yale University).

Shahrani, M Nazif, 1979, *The Kirghiz and Wakhi of Afghanistan*(Washington University).

Suskind, Roy, 2004, *The Price of Loyalty*(Simon and Schuster).

Tapper, Nancy, 1991, *Bartered Brides: Politics, Gender and Marriage in a Tribal Society*(Cambridge University).

아프가니스탄에서 철군해야 하는 이유[*]

데이비드 화이트하우스

미국과 나토NATO가 아프가니스탄을 점령한 지 8년이 됐지만 점령이 끝날 조짐은 보이지 않는다. "항구적 자유 작전"이라는 이름으로 2001년 10월에 시작된 아프가니스탄 침공의 공식 목표는 오사마 빈 라덴을 체포하고, 그의 조직 알카에다를 파괴하고, 탈레반을 권좌에서 몰아내겠다는 것이었다. 아프가니스탄 전쟁은 끝없는 "테러와의 전쟁"의 시작이었고, "테러와의 전쟁"은 알카에다 등의 테러 조직뿐 아니라 당시 미국 대통령 조지 부시가 "악의 축"이라고 부른 중동과 그 밖의 지역 국가들도 공격 대상으로 삼았다. 미국과 미국의 말을 고분고분 따르는 언론들은 아프가니스탄 전쟁이 탈레반의 이슬람주의 폭정에서 아프가니스탄인들, 특히 여성을 해방하기 위한 전쟁이라고 정당화했다.

-----

[*] 이 글은 D Whitehouse, "The case for getting out of Afghanistan", *ISR* 63(January~February, 2009)을 번역한 것이다.

탈레반은 꽤나 빨리 권좌에서 제거됐지만, 점령 자체는 아프가니스탄인들과 점령군에게 모두 재앙이었음이 드러났다. 미국의 후원을 받는 꼭두각시인 하미드 카르자이 정부의 통치권은 카불 시市 외곽을 넘지 못한다. 끊임없이 지속·강화하는 폭격으로 민간인 사상자가 늘어나는 것에 대한 분노가 커지면서 탈레반 저항 세력이 성장하는 곳은 통제가 불가능하고, 미국이 훈련시켜 주고 자금을 지원해 주는 부패한 군벌들이 아프가니스탄을 분할 통치하고 있다. 이 군벌들의 통치 하에서 아프가니스탄은 순식간에 세계 최대의 헤로인 생산지가 됐는데, 이들은 탈레반만큼이나 잔혹하고 억압적이다. 특히 여성들에게 그렇다.[1]

전쟁을 지지한 비평가 아메드 라시드는 다음과 같이 썼다. "수십억 달러나 되는 원조, 4만 5000명이나 되는 서방 군대, 수천 명의 죽음에도 불구하고 아프가니스탄은 다시 국가 붕괴의 구렁텅이로 빠져들고 있다. 탈레반은 알카에다와 파키스탄의 이슬람 극단주의자들의 도움을 받아, 그리고 자신들의 돈줄인 헤로인 생산의 폭발적 성장에 힘입어 극적으로 되살아났다."[2]

그렇지만 공화당과 민주당, 심지어는 반전운동의 일부도 한 가지 점에 대해서는 동의한다. 즉, 미국의 아프가니스탄 전쟁은 이라크 점령과 달리 "선한 전쟁"(9·11 공격에 대한 정당한 대응으로서, 주된 목표는 범죄자들을 법정에 세우는 것)이라는 것이다. 반면에 이라크 점령은 미국의 일부 권력자들조차 필요 없고, 불법

적이며, 거짓말에 근거한 것으로 여긴다.

오바마는 아프가니스탄에 군대를 더 보내 전쟁을 확대하겠다고 공언했다. 오바마가 전쟁을 확대한다면 반전운동도 시야를 넓혀 이라크 전쟁뿐 아니라 아프가니스탄 점령에도 반대해야 한다. 이 글에서 나는 미국의 아프가니스탄 침공과 점령의 원인을 살펴보고 반전운동이 아프가니스탄 전쟁의 방식뿐 아니라 그 동기도 반대해야 한다고 주장할 것이다. 우리 중의 많은 사람들은 옳게도 이라크 침공을 미국이 9 · 11 공격 직후에 세계 석유 생산의 전략적 요충지에 교두보를 확보해서 유일 초강대국 지위를 과시하려는 전략의 일환으로 보았다. 아프가니스탄 전쟁을 이런 미국의 전략적 이해관계에서 따로 떼어 내 생각할 이유는 없다.

무시당하는 아프가니스탄인들의 생명

아프가니스탄 대통령 하미드 카르자이는 미국 대통령 선거에서 버락 오바마가 승리하자 당선을 축하하면서 동시에 요구 사항도 전달했다. 백악관으로 들어가거든, 서방 군대가 아프가니스탄 민간인을 살상하지 못하도록 금지해 달라는 것이었다.[3] 이것은 아프가니스탄인들 사이에서는 뜨거운 쟁점이다. 점령의 다른 측면들과 함께 민간인 사상자 증가 때문에 점점 더 많은 아프가니스탄인들이 서방 군대가 떠나야 한다는 결론을 내리고 있다.

전쟁이 격화하면서 민간인 사상자가 늘고 있다. 탈레반을 비롯한 저항 세력이 성장하자 미국과 나토 동맹군은 폭격을 대폭 강화했다. 폭격 강화는 2006년 하반기부터 시작됐는데, 당시에 미군은 2100건의 폭격을 감행했다. 같은 시기에 이라크에서 폭격을 실시한 횟수는 88건이었다.[4] 2007년에는 아프가니스탄에 떨어진 폭탄의 양이 갑절이 됐다. 대부분은 미군의 폭탄이었다. 2008년에는 6월과 7월에만 떨어진 폭탄의 양이 2006년에 떨어진 양과 같았다.[5] 폭격 강화는 소규모 지상군과 압도적 공군력의 결합을 바탕으로 하는 군사 교리를 반영한 것이다.

미국의 폭격은 대부분 외국 군대가 저항 세력의 공격을 받아 '근접 항공 지원'을 요청하면 이뤄졌다.[6] 근접 항공 지원이란 베트남 전쟁에서 처음 실시된 '수색 소탕' 작전의 변형인데, 지상군을 미끼로 보내 저항 세력이 위치를 노출하면 미군의 기술적 우위를 이용해 공중에서 폭격하는 전술이다. 근접 항공 지원으로 희생된 민간인은 외국 군대에게 희생된 민간인의 3분의 2를 차지한다.[7] 7월 이후의 공격으로 비극이 잇따랐다. 폭격이 있을 때마다 민간인이 수십 명씩 죽었다. 가장 끔찍한 사고는 8월 22일 서부의 헤라트 주州에서 일어난 결혼식 폭격 사건이다. 부족 원로들과 아프가니스탄 정부는 이 폭격으로 죽은 탈레반은 단 한 명도 없는 반면 어린이 50명과 여성 19명을 포함해 민간인 95명

이 살해당했다고 말했다.[8]

이와 비슷한 사고들을 겪으며 아프가니스탄인들의 여론은 점령 반대로 돌아서기 시작했다. 〈크리스천 사이언스 모니터〉의 조사 결과를 보면 최근의 "고강도 공격으로 반미 정서가 그 어느 때보다 높아졌다." 한 아프가니스탄 법학 교수는 다음과 같이 말했다.

"아직 많은 아프가니스탄인들이 군대를 지지하지만 최근 이런 사고가 잇따르자 점점 더 많은 사람들이 생각을 바꾸고 있다." 최근의 통계는 없지만 2007년 11월에 발표된 인바이어로닉스 Environics[시장 조사 기관]의 조사 결과를 보면 아프가니스탄인의 52퍼센트가 향후 3~5년 안에 외국 군대가 철수하기를 바란다. …… 차르니 리서치Charney Research가 수집한 정보를 보면 아프가니스탄에서 미국의 구실을 지지하는 의견은 2005년 68퍼센트에서 2007년 42퍼센트로 떨어졌다.[9]

아프가니스탄인들의 여론 악화는 아프가니스탄에 계속 개입하려는 미국에게는 아주 심각한 사태 전개다. 그러나 민간인 사망 자체가 아프가니스탄 여론 변화의 결정적 요인은 아니다. 탈레반의 공격으로 숨진 민간인이 전체의 55퍼센트로 더 많기 때문이다.[10] 하지만 아프가니스탄인들은 대체로 탈레반의 전술보다는 외국 군대의 전술에 대해 더 강력한 분노를 터뜨린다. 2008년 12월에 한 아프가니스탄 특파원은 다음과 같이 썼다.

> 지난주에 다국적군 호송 차량이 카불 외곽의 고속도로에서 민간인을 치어 죽게 만들었다. 당시에 나는 그곳에 있었는데 지역 주민들이 경찰들에게 돌멩이 등을 던지며 격렬하게 항의하는 것을 봤다. 그렇지만 바로 전날 미국 대사관 근처의 분주한 교차로에서 탈레반의 자살 폭탄 공격으로 민간인 네 명이 숨진 일이 있었다(다른 희생자는 없었다). 나는 서둘러서 사건 현장으로 갔는데 사람들 몇 명이 조용히 담벼락에 묻은 피를 닦고 있을 뿐이었다. 폭동도, 항의도, 아무것도 없었다![11]

탈레반의 전술과 민간인의 사망은 두 가지 방식으로 관련돼 있다. 첫째, 탈레반은 2003년부터 자살 폭탄 공격을 시작했는데,[12] 목표가 외국 군대일 때조차 흔히 민간인이 희생된다. 둘째, 서방의 보도를 보면 탈레반과 그 동맹 세력은 외국 군대의 공격이 임박했음을 알게 되면 민간인들 사이로 숨는다. 일부 논평가들은 탈레반이 과연 일부러 인간 방패를 활용하는지 의심하는데, 탈레반이 민간인들의 지지에 의존하고 있기 때문이다.[13] 2001~2002년에 패배한 탈레반이 재기하는 동안 충원된 신입들은 대부분 민간인이고 이들은 싸울 때도 집 주변에서 싸운다. 따라서 탈레반은 민

간인들 근처에서 작전을 펼칠 것이다. 바로 그곳에서 시간의 대부분을 보내기 때문이다.[14]

어쨌든, 탈레반의 전술은 외국 군대의 전술과는 다른 메시지를 아프가니스탄인들에게 보낸다. 탈레반의 전술은 그들이 외국 군대를 몰아내기 위해 죽음을 각오했다는 것을 보여 주는 반면에 외국 군대의 전술은 자신들을 위험에 노출시키지 않기 위해 기꺼이 아프가니스탄인들을 죽이겠다는 것을 보여 준다. 이 다른 두 메시지는 아프가니스탄인들에게 모욕감을 주고 외국 군대가 주둔하는 핑계거리, 즉 인도주의적 도움이 필요한 아프가니스탄인들에게 외국 군대가 꼭 필요한 존재라는 주장이 얼마나 허구적인지를 잘 보여 준다. 아프가니스탄인들의 생명보다 자신들의 생명을 더 중요하게 여기는 외국 군대가 어떻게 인도주의적 도움을 줄 수 있을까?

외국 군대의 전술은 정치인들과 사령관들이 '자기' 병사들의 목숨도 그리 중요하게 여기지 않는다는 점을 보여 준다. 외국 군대의 전술은 이전의 반전운동 때문에 전쟁 추진자들이 아프가니스탄의 여론보다 서방의 여론에 더 민감해졌다는 것을 보여 준다. 아프가니스탄인들을 죽이는 전술로 외국 군대 병사들의 생명을 지키는 것은 전략적·정치적으로 내린 결정이다. 미군과 나토의 지상군은 2008년 1월~10월에 253명이 목숨을 잃어서 전쟁 시작 후에 가장 많이 죽었다. 그러나 미 공군기는 이보다 세 갑절

많은 아프가니스탄 민간인을 죽였다.[15]

아프가니스탄인들이 점령에 반대하게 된 이유가 폭격만은 아니었다. 일상적인 구금, 폭력적 수색, 고문도 한몫했다. 침공 이후에 수많은 남성, "심지어 소년들까지 미군에게 체포돼 투옥·고문당하고 몇몇은 살해당하기도 했다."[16]

미군의 폭격은 모든 아프가니스탄인들에게 점령의 실상을 여실히 보여 준다. 부분적으로는 탈레반이 참사 현장의 끔찍한 광경을 카메라로 촬영·녹화해서 배포한 비디오 덕분이다. 헤라트 주의 결혼식 폭격 후에 아프가니스탄인들이 격분한 주된 이유는 미군 장교들이 민간인 희생은 없었고 탈레반 7명이 사살됐다고 말했기 때문이다. 사람들이 의혹을 제기하며 추가 조사를 요구하자 장교들은 마침내 민간인 35명이 죽었다고 시인하기는 했지만 사망자 중에는 저항 세력도 있었다는 근거 없는 원래 주장을 계속 고수했다. 다른 때와 마찬가지로 이 사건에서도 미군 장교들은 민간인 희생에 유감을 표시하면서도 미군의 공격은 완전히 정당했다는 주장을 늘어놓았다.[17]

미군의 공격은 이제 파키스탄 접경 지역까지 확대됐다. [2008년] 11월 초에 파키스탄을 방문한 이라크 주둔 미군 사령관 데이비드 퍼트레이어스는 파키스탄 정치인들에게 미군의 파키스탄 소수부족보호지역 공격에 반대한다는 말을 들었다. 그 지역에서는 지난 몇 달 동안 약 스무 차례의 폭격으로 민간인 수십 명이 목숨을 잃었다. 이 말을 들은 후 아프가니스탄으로 넘어간 퍼트레이어스는 미군의 파키스탄 영내 공격이 "매우 중요하다"고 단언했다.[18]

미군의 주둔에 대한 분노가 커지고 있다고 해서 모든 사람이 저항에 동참하는 것은 아니다. 일부 사람들은 점령이 인도주의적으로 변할 수 있다는 기대를 갖고 있다. 다른 사람들은 이제 점령에는 반대하지만 탈레반 같은 세력에 가담하는 것은 원하지 않는다. 하지만 실제로 수천 명이 지난 3년 동안 탈레반에 가입했다. 탈레반 신입들과 한 인터뷰를 보면 탈레반에 새로 가입한 사람들은 대부분 전쟁의 '부수적 피해'*를 입은 사람들을 개인적으로 알고 있었기 때문에 가입했다.[19]

지금 아프가니스탄과 파키스탄에서는 근본적인 의문이 꽤나 분명히 제기되고 있다. 외국 군대가 머물러야 하는가 아니면 떠나야 하는가? 점점 더 많은 민간인들이 탈레반의 핵심 전쟁 목표에 동의하기 시작했다. 외국 군대는 떠나야 한다는 데 말이다.

철군 문제가 미국만큼 분명하고 긴급한 곳도 없다. 철군 문제를 분명하고 긴급하게 제기하려면 우리는 외국 군대가 아프가니스탄에 주둔하는 진정한 이유를 들춰내기 위해 아프가니스탄의 역사를 약간 살펴봐야 한다. 아프가니스탄의 역사를 살펴보면 미

---

* 군사행동에 따른 민간인의 인적·물적 피해.

국의 행동이 과연 아프가니스탄 여성들의 권리 보호를 비롯한 인도주의적 목적에 부합하는지를 알 수 있다. 미국의 아프가니스탄 개입과 알카에다의 관련성이 얼마나 있는지도 알 수 있다. 또한 미국의 고위 정치인들의 계산에서 항상 중요한 것, 즉 석유와 제국의 전략적 이해관계 추구도 알 수 있다.

아프가니스탄 발전의 특수성

아프가니스탄은 자신을 아프가니스탄인이라고 여기는 사람들의 민족운동의 산물이 아니다. 아프가니스탄은 1893년에 영국의 후원 아래에서 북쪽의 러시아 제국과 남쪽의 영국 제국 사이의 완충 국가로 탄생했다. 여기에는 서로 다른 언어를 사용하는 여러 종족이 함께 포함됐다. 그러나 같은 종족이라도 아프가니스탄 국경을 따라 분단되기도 했다. 북부의 타지크족과 우즈베크족이 그랬는데, 이들은 지금도 각각 타지키스탄과 우즈베키스탄에 흩어져 있다. 서부의 타지크족은 이란과 밀접한 연관이 있다. 아프가니스탄의 최근 사태에서 가장 중요한 종족은 파슈토어를 사용하는 파슈툰족인데, 이들은 아프가니스탄에 1100만 명이, 파키스탄에 2200만 명이 있다. 파슈툰족은 아프가니스탄 전체 인구의 40퍼센트를 차지하는 가장 큰 종족이다.

아프가니스탄의 특징 가운데 가장 두드러지는 것은 중앙정부의 취약성이다. 아프가니스탄을 정복하려고 했던 영국은 몇 차례 군사적 패배를 겪고 나서 이 사실을 재빨리 깨달았다. 역사학자인 라자 안와르는 다음과 같이 썼다.

1842년부터 [아프가니스탄이 독립한 ― 지은이] 1919년까지 아프가니스탄의 아미르*는 모두 영국이 주는 교부금, 연금, 내탕금[국왕의 개인 자금]에 의존했다. 아프가니스탄 지배자들을 매수하는 일은 문제가 아니었지만, 그 지배자들은 고루한 개인주의적 부족 전통이 몸에 밴 억센 파슈툰족 대중에게 영향력을 미치지도 못했고 그들은 이해하지도 못했다. 영국이 아프가니스탄 지배자와 아프가니스탄 민중의 근본적인 차이점을 이해하는 데는 오랜 기간의 희생이 뒤따랐다.[20]

강력한 중앙집권적 식민지 지배의 영향력이 미치지 못해서 아프가니스탄은 경제와 사회가 각각 두 개로 쪼개져 발전하게 됐다. 중앙 차원에서는 인접국에서 상품을 들여와 제3국으로 판매하는 통과무역에 세금을 부과해 먹고 사는 도시 상업 계급이 발전했다.

---

* 아미르(아랍어 : أمير; amīr, ãmir) 또는 에미르Emir는 아라비아어로 '사령관', '총독'이란 뜻이며, 이슬람 세계에서 왕족과 귀족의 칭호로 사용되는 말이다.

이 도시 계급과 농민들의 경제적 상호작용은 사실상 전혀 없었다. 농민들에게는 심지어 세금도 부과되지 않았다. 또한 도시민들은 외국의 문화를 받아들여 자신들만의 문화를 발전시켰다.[21]

이와 반대로 농민들은 자기 지역 외부와는 거의 연계가 없었다. 다수는 유목민이었고 이들의 사회관계는 거의 부족이나 혈족을 통해 이뤄졌다. 20세기 후반까지도 아프가니스탄인들은 대부분 전자본주의적·부족적·봉건적 사회관계 속에 있었다.[22] 부족 간 피비린내 나는 복수는 관습으로 인정됐다. 공동 토지 사용의 전통이 약간 남아있기는 했지만 그런 지역에서도 봉건적 관계가 우세했고 군사적 지도자이기도 한 부족장이 토지와 관개시설을 대부분 소유했다(사용 요금도 징수했다). 부족장들은 자기 부족민들에게 고리로 돈을 빌려 주기도 했다.[23] 아프가니스탄은 현대식 발전은 거의 없는 농업과 수공업이 우세한 사회였다. 아프가니스탄은 1950년대에 시작된 다양한 민간·군수 산업 프로젝트에 옛 소련의 원조와 투자를 받았다. 그때는 아프가니스탄이 소련과 더 긴밀하게 가까워지고 있을 때였다. 그럼에도 1979년에 소련이 침공하기 직전까지 아프가니스탄 인구 1500만 명 가운데 1300만 명은 땅을 소유하지 못했고 공업 노동자는 4만 명에 불과했고, 자동차는 6만 517대, 전화기는 2만 851대에 불과했다.[24]

냉전의 전쟁터

1978년에 아프가니스탄의 친소 공산주의 정당, 즉 민중민주당 PDPA의 두 경쟁 분파가 군사 쿠데타를 일으켜 사르다르 다우드 칸 정권을 타도했다. 파슈툰 민족주의자이자 개혁가인 다우드 자신이 1973년에 쿠데타를 일으켜 아프가니스탄 왕정을 타도한 바 있었다. 다우드는 원래 민중민주당의 한 분파와 밀접하게 협력했는데, 곧 소련과의 동맹을 끊고 파키스탄과 미국 편으로 돌아섰다. 하지만 민중민주당의 쿠데타는 혁명은 아니었다. 쿠데타는 순전히 군사적이었고, 도시과 군대의 일부 엘리트와의 연합을 중시하고 소련의 도움에 의존한 중간계급 정당이 주도했다. 민중민주당은 노동자나 농민 사이에는 전혀 기반이 없었다.[25] 게다가, 민중민주당은 중앙정부를 통제해서 목표를 이루겠다는 아주 허황된 생각을 하고 있었다.

새 정권은 그동안 중앙정부가 개입하지 않았던 농촌 지역에 매우 강력하게 개입하기 시작했다. 민족 감정은 있으나 비교적 소수인 도시 중간계급과 지식인들은 진보적 개혁가 진영을 구축해서 후진적 농촌의 조건을 개선하고 도시에서 구상한 계획으로 도시와 농촌의 생활을 통합하려 했다. 농촌 지역에는 해결해야 할 문제들이 산적해 있었다. 여성들은 2등 시민 취급을 받았고, 부족민 중 지위가 낮은 많은 무토지 농민들은 지주(대부분은 부족

장)와 물라(지역 무슬림 성직자)의 통제를 받았다. 그러나 새 정권
은 이런 문제들을 어떻게 풀어야 할지 가늠조차 하지 못했다. 사
전 계획이나 예측도 없이 포고령부터 공포한 토지개혁 정책이 전
형적이었다. "도시에서 농촌으로 낙하산을 타고 내려온 서투르고
흔히 잔인한 관리들이 토지개혁을 시행"했고[26] 이 관리들은 "중
앙의 몇 마디 지령을 실행하기 위해 실질적이거나 잠재적인 반발
요인들을 무자비하고 잔혹하게 제거하는 정책을 추진했다."[27] 이
런 관리들의 오만과 폭력 때문에 농촌 지역에서 중앙정부에 반대
하는 반란이 일어났다. 경쟁 분파 간 내분이 극에 달해 정권이
유지될 수 없음이 분명해지자 소련은 아프가니스탄을 침공하기
로 결정했다.

소련군이 지상 공격을 감행하기 전인 1979년 여름에 미국 대통
령 지미 카터는 아프가니스탄 반정부 세력들의 무장을 비밀리에
지원하고 조직하도록 허가했다.[28] 그러나 정권에 반대하는 민중들
의 저항은 이미 극에 달해 있었다. 소련과 그 하수인들은 민간인
들을 사살하고, 반군을 숨겨 주는 집단이 있으면 그 집단 전체를
적대시하는 등 지금의 점령군[미군과 나토]이 하는 방식으로 저항
을 탄압해서 사람들의 불만에 기름을 부었다.[29] 미국의 책략가들
은 반군을 지원해서 미국이 피 한 방울 흘리지 않고 냉전의 경쟁
자를 무너뜨릴 수 있는 기회가 왔다고 생각했다. 당시 국가안보보
좌관 즈비그뉴 브레진스키는 다음과 같이 말했다. "소련군이 공식

적으로 국경을 넘은 날, 나는 카터 대통령에게 이렇게 보고했다. 이제 소련에게도 베트남전을 안겨 줄 기회가 왔습니다.”[30]

미국은 오랜 군사 동맹국이던 파키스탄을 통해 아프가니스탄 반군들을 지원했다. 파키스탄 군부와 군 정보기관은 미국과 사우디아라비아의 돈으로 이슬람주의 민병대를 무장시켜 소련군과 싸우게 했다. 파키스탄의 독재자 지아 울하크는 아프가니스탄의 반란을 도와 아프가니스탄에 대한 파키스탄의 영향력을 강화하려 했다. 그러나 아프가니스탄의 왕당파와 민족주의 저항 세력은 파키스탄의 뜻대로 움직이지 않았는데, 그들은 파키스탄과도 독자적이기를 원했기 때문이다. 지아는 군대와 군 정보기관에서 이슬람주의 요원들을 양성했고 이들은 종교에 바탕을 둔 아프가니스탄 저항 세력을 육성했다. 파키스탄군과 군 정보기관은 무자헤딘, 즉 이슬람주의 전사들의 단체 일곱 개를 무장시켰는데, 이 단체들은 군 정보기관의 도움을 받아 다른 저항 세력의 지도자들을 몰아내거나 그냥 죽이기도 했다. CIA는 이런 작전에 완전히 동의했다.[31]

미국의 레이건 정부는 1980년대에 수십억 달러를 투자해서 이 작전을 미국 역사상 가장 값비싸고, 가장 공공연한 “비밀” 작전으로 만들었다. 예를 들어 CIA와 파키스탄 군 정보기관은 영어를 유창하게 하고 흔히 다른 민병대에게도 총을 겨누는 굴부딘 헤크마티아르의 무자비한 광신도 민병대를 키웠다(헤크마티아르 지지자들은 부르카를 입지 않은 여성의 얼굴에 염산을 뿌리는 것으로 악명

높았다). 헤크마티아르는 1980년대에는 파키스탄 군 정보기관이 총애한 인물이었지만 오늘날 그는 아프가니스탄 동부, 카불 바로 남쪽에서 나토군의 점령에 반대해 싸우는 군대를 이끌고 있다.[32]

사우디아라비아의 부자인 오사마 빈 라덴이 이슬람주의 전사들에게 돈을 대주고 조직하는 활동을 시작한 것도 1980년대였다. 사우디아라비아는 미국과 협력해 세계 곳곳에서 이슬람주의 전사들을 모집했다. 이 가운데 일부가 1988년에 알카에다가 된다.[33]

아프가니스탄에서 소련을 밀어내려는 미국의 전략이 1989년에 실제로 성공했을 때 모두 놀랐다. 그 무렵 무자헤딘은 자기들끼리 서로 싸우기 시작했고 1992년까지 어느 누구도 수도 카불을 장악하지 못했다.[34] 1993년에는 민병대끼리 서로 싸우면서 카불에 폭탄을 퍼부어 박살내 버렸다. 이 과정에서 이 미국 협력자들의 전쟁으로 민간인 1만 명이 죽었다.[35] 각 세력의 지도부는 민족국가를 세우는 데는 관심이 없었고 각자 자기 정파와 종족의 영향력 확대에만 관심이 있었다. 수도를 파괴한 것은 그들의 사회적 기반이 농촌에 있었다는 것을 보여 준다. 농촌 사람들은 도시 생활을 타락으로 여겼고, 중앙정부를 압제의 근원으로 여겼던 것이다. 물론 이런 특징은 몇 년이 채 안 돼 그들을 대체한 탈레반에게도 나타난다.[36]

1990년대 초에 무자헤딘이 자기들끼리 싸우기 시작할 때 그들은 미국에게도 등을 돌렸다. 1991년에 일어난 사건들이 이런 변화를 촉진했다. 소련이 붕괴하면서 무슬림 인구가 많은 중앙아시아의 공화국들이 독립하게 됐고, 그래서 이슬람주의자들이 그곳에서 무신론자인 공산주의자들과 맞서 싸우는 데 더는 미국의 도움이 필요 없게 됐다. 1991년에 일어난 또 다른 사건은 미국이 이라크를 상대로 벌인 걸프전이었다. 빈 라덴 같은 이슬람주의자들은 1990년 8월에 쿠웨이트를 침공한 사담 후세인에 반대해서 미국의 보호 아래로 들어간 사우디아라비아에 분노했다. 파슈툰족으로서 빈 라덴의 긴밀한 동맹 세력이었던 헤크마티아르와 압둘 라술 사야프도 사우디아라비아의 후원을 받고 있기는 했지만 미국과 사우디아라비아의 동맹에는 반대했다. 사우디아라비아 정부는 빈 라덴을 추방했고 빈 라덴은 걸프전 때 미국에 반대했던 수단으로 망명했다. 이때부터 빈 라덴은 미국을 자신의 주적으로 삼았고 알카에다가 활동을 시작했다. 반소 전쟁에서 미국에 협력했던 헤크마티아르 같은 사람들도 활동을 시작했다.

아프가니스탄 내전과 카스피 해 송유관 정치

탈레반은 1990년대 초에 아프가니스탄의 폐허 위에서 탄생했다. 탈레반의 기원은 반소 전쟁 동안 농촌의 일상생활이 파괴된 데서 비롯했다. 지극히 지방 분권적이었던 사회가 1980년대에 전쟁을 겪으며 산산조각 났고, 수많은 사람들은 난민이 되어 일부는 아프가니스탄에 남았지만 이란이나 파키스탄으로 이주한 사람들도 있었다. 아프가니스탄에는 총기가 넘쳐났고 전통적 형태의 권위는 무너졌다.

지역의 부족 유지들 대신에 부족이나 종족의 지도자를 자처하며 사설 민병대를 이용해 자기 지역을 통제하는 새로운 군벌들이 성장했다. 이 새로운 군벌 계급은 미국의 후원을 받았던 무자헤딘이라는 더 큰 군벌들과 겹쳤다. 수많은 청년들이 무장했고 더는 직접 생산에 종사하지 않게 되자 농촌 경제는 점차 현금 경제로 변했다. 군벌들은 농민에게 아편을 키우게 해 민병대에게 자금을 댔다.[37]

이런 상황은 대부분의 사람들에게는 생지옥이었는데, 소련군 철수 후에 군벌들끼리 서로 다투게 되면서 상황은 더 악화했다. 예를 들어 교육은 전통적 형태든 현대적 형태든 완전히 붕괴했다. 1978년 이후 남부의 파슈툰족 거주 지역에서는 정규 학교가 완전히 사라졌지만 파키스탄 접경 지역을 따라 세워진 난민촌에서 마드라사라는 종교학교가 사우디아라비아와 그 밖의 걸프국들의 도움을 받아 급격히 확산됐다.[38] 신세대 파슈툰족 소년들은 다른 부족 출신 소년들과 함께 마드라사로 몰려들었고 전통적 부족의 권위에서 벗어났다.[39] 그곳에서 1세대 탈레반 지도부가 성장했다.

탈레반의 이데올로기는 샤리아, 즉 이슬람 율법을 최고로 삼

는 사우디아라비아와 파키스탄의 사상에서 나왔다. 그러나 탈레
반의 이데올로기가 아프가니스탄 무자헤딘이나 그 밖의 군벌들
의 이데올로기와 완전히 다른 것은 아니었다. 무자헤딘이나 군벌
들도 이런저런 형태의 샤리아에 호소해서 자신의 권력을 정당화
하려 했다.

　탈레반의 차이점은 샤리아가 전통적 부족 법을 대체해야 한다
는 믿음이었다. 전통적 부족 법이 이슬람에 어긋난다고 보았기
때문이다. 따라서 부족 군벌의 지배는 정당성이 없다고 탈레반은
주장했다.[40] 탈레반의 보수적 사회 강령은 서구 언론들이 하도 떠
들어 대서 이제는 아주 귀에 익었다. 즉, 탈레반은 치약, 구슬,
담배, 춤, 음악, 연날리기, 포장지, 미국식 머리, 여성 취업, 여학
교 등을 금지한다.[41] 그러나 탈레반은 군벌들보다 약간 더 억압적
일 뿐이다. 탈레반과 무자헤딘은 둘 다 사우디아라비아의 영향을
받은 종교 경찰을 후원했다.[42]

　탈레반이 마침내 승리할 수 있었던 핵심 요인은 무력을 독점
할 수 있었기 때문이다. 탈레반은 군벌의 민병대를 무장해제해서
민간인 희생을 줄였다. 탈레반은 여성을 억압했지만 강간범은 처
벌했다.[43]

　가장 중요한 점은 탈레반이 군사적 · 재정적 지원을 이끌어 내
기 위해 상업을 부활시켰다는 것이다. 아편 수출을 제외하면 군
벌들은 무장 검문소를 세워 통행세를 뜯어내 돈을 모았다. 또한

약탈하고 싶은 사람이 있으며 가차 없이 약탈했다. 탈레반은 혹독한 처벌로 사유재산을 보호했고 도로 봉쇄를 풀었다. 그래서 기업인들의 지지를 얻게 됐다. 탈레반을 처음 지지한 주요 집단 중 하나는 파키스탄의 트럭 수송업자들이었다. 그들은 파키스탄과 투르크메니스탄을 오가며 장사할 때 강도를 만나거나 너무 많은 세금 피해를 입지 않기를 원했다.[44] 도로 봉쇄 해제로 생필품 가격도 떨어지자 대중은 탈레반이 끔찍하기는 하지만 군벌들보다는 낫다고 생각하게 됐다.

1990년대 초 아프가니스탄에서 진정한 내전이 시작됐다. 러시아와 미국이 내전의 조건을 조성하기는 했지만, 이제 내전은 자체의 생명력을 갖게 됐다. 내전이 일어나게 된 핵심 조건은 농촌에서 전통적 권위가 붕괴했다는 것이다. 내전의 주요 당사자들은 (처음에는 군벌들, 다음에는 군벌들에 탈레반도 가세했다) 모두 전통적 권위가 붕괴한 것의 산물이었다. 반소 전쟁 동안에 농촌이 도시를 쳐부쉈고, 군벌과 탈레반이라는 반동적 농촌 세력이 성장해 권력의 공백을 메우려 했다.[45] 군벌 권력의 기반은 부족이나 종족의 단결을 호소하는 유력자들이다. 반면에 탈레반의 기반은 마드라사를 졸업한 농촌 성직자(이른바 물라)들이다. 그러나 한 가지 중요한 점에서는 탈레반도 전통적 형태의 종족 갈등에서 자유로울 수 없다. 여전히 그들은 압도적으로 한 종족, 즉 파슈툰족으로 이뤄져 있는데, 탈레반의 90~95퍼센트가 십중팔구 파슈툰

족이다. 탈레반이 파슈툰족이 아닌 사람들을 새로 충원했다면 그
것은 종교적 네트워크를 확대해서, 즉 자신들에게 동의하는 물라
들에게까지 확대한 결과다.[46]

소련군이 철수하자마자 미국은 아프가니스탄의 파괴가 심해
지는데도 관심을 끊었다. 서로 싸우는 세력들이 사실은 CIA가 아
프가니스탄의 급진 이슬람주의자들을 지지한 정책 때문에 생겨
난 세력들이었지만 말이다. 미국의 아프가니스탄 정책은 아프가
니스탄인들을 위한 것이 아니었다. 세계라는 장기판 위에서 미국
의 우위를 유지하기 위한 것이었다. 그래서 1990년대 초 CIA의
관심은 석유를 좇아서 북쪽으로 옮아갔다.

소련이 무너지자 CIA 작전본부는 새로 독립한 옛 소련 공화국들
로 관심을 돌렸다. 특히 중앙아시아에서 이란의 야심을 꺾을 방
법을 고심했다. …… 카스피 해의 산유국들은 막대한 에너지 자
원을 외국 기업들에 개방했다. 미국 기업들은 이 자원을 차지하
고 싶어서 혈안이 돼 있었다. 당시 [CIA] 작전본부장 토머스 트위
텐은 그때를 다음과 같이 회상한다. CIA 간부들의 관심은 "온통
우크라이나와 중앙아시아에 쏠려 있었고 새로운 기회를 발견하
면 득달같이 달려들었다." ……

그러나 CIA는 아프가니스탄과 아프가니스탄 내전에는 관심이
없었다.[47]

카스피 해 지역의 막대한 자원의 일부인 중앙아시아의 석유와 천연가스는 특히 미래의 국제경제에 중요한데, 아직 개발되지 않았고 따라서 생산량이 급격히 늘어날 수 있기 때문이다. 미국 에너지부는 2005년부터 2030년까지 카스피 해의 석유 생산이 171퍼센트 증가하고 천연가스 생산은 훨씬 더 크게 증가할 수 있다고 예측한다.[48] 그래서 미국은 1990년대 초 이후 그 지역의 억압적 정부들이 러시아의 영향력에서 벗어나기를 바라며 그들을 지원했다.

[소련이 붕괴한 후 — 지은이] 미국 석유 기업들의 상업적 본능으로 촉발되기는 했지만 미국 관리들도 곧 이 지역의 에너지 잠재력을 주요한 전략적 문제로 보기 시작했다. 미국은 즉시 옛 소련의 비(非)러시아계 공화국 중에서 강력하고 경제적으로 생존 가능한 국가를 육성하기 시작했다. 미국 정책 입안자들은 이런 나라를 장차 러시아 제국에 대항할 수 있는 보루이자 미국의 중동산 석유 의존도를 낮춰줄 수 있는 수단으로 봤다.[49]

아프가니스탄 내전 초기 몇 년 동안 열강들은 아프가니스탄에 관심을 두지 않았지만 아프가니스탄 주변국은 결코 그러지 않았다. 특히 파키스탄 대통령 베나지르 부토는 1994년 이후부터 칸다하르 주변의 이 새로운 집단에 주목했다. 트럭 수송업자들과 마찬가지로 부토도 새로 독립한 중앙아시아 국가들이 남쪽의 새로운 시장을 환영할 것이라고 여겼다. 그런 국가들이 파키스탄과 교역하려면 아프가니스탄을 통과해야 할 터였다. 그래서 파키스탄은 헤크마티아르 지원을 끊고 상품의 안전한 이동을 약속한 신흥종교운동을 지지했다. 사우디아라비아는 억압적 종교기구를 설립하는 방법을 가르쳐 주고 자금도 지원해 줬다. 1995년에 카불을 장악했을 때 탈레반은 탱크와 중화기를 보유하고 있었다.[50]

탈레반이 승리하자 클린턴 정부의 기대도 높아졌다. 베나지르와 마찬가지로 클린턴 정부도 중앙아시아의 석유와 가스를 러시아와 이란을 피해서 아프가니스탄을 통해 남쪽으로 빼낼 송유관 건설 계획을 갖고 있었기 때문이다.[51] 클린턴 정부는 누가 내전에서 승리할지에 대해서는 관심이 없었다. 이 지역이 안정되면 그만이었다. 그래서 아프가니스탄 출신 미국인인 네오콘 잘메이 칼릴자드가 캘리포니아에 본사가 있는 석유 회사 유노칼과 CIA를 탈레반(권력을 잡기도 전에)과 만나게 해서 투르크메니스탄에서 파키스탄으로 이어지는 가스·석유 송유관 관련 협상을 하도록 주선했던 것이다.[52] 물론 칼릴자드는 나중에 아프가니스탄과 이라크 점령을 감독한 후에 조지 부시의 유엔 대사가 됐다. 당시 미국은 탈레반의 억압적 성격에 대해서는 무관심했다. 그래서 1997년에 한 미국 외교관은 다음과 같이 말했다. "탈레반은 사우디아라비아인들처럼 될 것이다. 아프가니스탄에는 아람코[사우디아라비아의 석유를 통제하는 석유 기업들의 컨소시엄 — 지은이], 송유관, 아미르[왕족], 샤리아 율법은 있겠지만 의회는 없을 것이다. 그래도 우리는 그들과 잘 지낼 수 있다."[53]

내전부터 9·11까지

물론 사태는 클린턴, 칼릴자드, 유노칼이 원하던 대로 전개되지는 않았다. 탈레반은 아프가니스탄을 완벽히 안정시키지 못했다. 탈레반은 아프가니스탄 전체 영토의 5~10퍼센트를 통제하며 계속 저항하는 북부의 군벌들 — 북부동맹의 전신 — 을 격퇴하지 못했다.[54] 당시에 미국은 러시아, 이란, 인도의 주요 동맹인 북부동맹을 지원하지 않았다. 러시아는 탈레반이 체첸 같은 곳의 이슬람주의 전사들을 지원하지 못하도록 방해하고 있었고 인도는 그 지역에서 파키스탄의 영향력이 커지는 것을 막기 위해 탈레반의 아프가니스탄 지배를 저지하려 애쓰고 있었다.[55]

그러나 1999년에 미국 외교관들은 "개인적으로는 러시아나 이란 등이 마수드[북부동맹 지도자 — 지은이]에게 무기를 몰래 공급하는 데 미국이 반대하지 않는다고 분명히 밝혔다."[56] 당시 미국은 천천히 탈레반에게서 등을 돌리는 중이었다. 탈레반이 아프가니스탄을 안정시키지 못했기 때문이기도 하고 오사마 빈 라덴과 밀접한 관계가 있었기 때문이기도 하다. 미국의 압력으로 수단에서 추방된 빈 라덴은 1996년에 아프가니스탄으로 돌아왔다.[57] 1998년 8월에 알카에다가 케냐와 탄자니아에서 미국 대사관을 공격하자 탈레반에 대한 미국의 적개심이 급격히 커졌다. 그 보복으로 미국은 아프가니스탄에서 알카에다의 훈련 기지로 의심되는 곳(아무도 없는 곳으로 밝혀졌다)과 수단에서 화학무기 공장으로 의심되는 공장(주요 제약 공장으로 밝혀졌다)에 크루즈 미사일을 발사했다.

현재 미국과 탈레반의 관계는 미국의 아프가니스탄 점령이 지속되는 한 더 나빠질 수밖에 없을 듯하다. 그러나 2001년 가을까지는 탈레반이 미국을 적으로 여겼는지 분명치 않다. 아프리카의 미 대사관 공격으로 이미 미국의 경제제재를 받고 있었던 탈레반은 수단 정권처럼 고립되는 것을 원하지 않았다. 사실 탈레반은 2000~2001년까지도 미국에 협력하는 것이 이롭다고 생각하고 있었다. 2000년에 탈레반이 아편 생산을 금지하자 2001년 5월에 부시 정부의 국무부는 4300만 달러를 제공하겠다고 발표했다.[58] 영국 저널리스트 존 필저도 당시 탈레반이 빈 라덴을 내치는 문제를 심각하게 고려했을지도 모른다고 암시한다.[59]

탈레반과 알카에다는 긴밀하게 협력하고 있었고 북부동맹에 맞서 군사동맹을 맺고 있었지만 둘의 이해관계는 동일하지는 않았다. 미국 의회의 9·11조사위원회 보고서를 보면 탈레반은 2001년에 알카에다가 미국을 대상으로 모종의 공격을 계획하고 있다는 사실을 알고는 이에 반대했다.

비록 빈 라덴의 최고 우선순위는 분명히 미국 공격이겠지만 다른 사람들은 그렇게 생각하지는 않았다. 그해에 탈레반 지도자들은 북부동맹에 대한 군사적 공세에 집중하고 있었다. …… 탈레반 지도자들은 마침내 숙적을 완전히 쳐부수고 아프가니스탄에서 몰아내는 해로 만들고 싶어 했다. 탈레반의 처지에서 보면 미국 공격은 역효과를 낳을 수 있었다. 미국이 탈레반을 상대로 전쟁에 나설 수 있었던 것이다. 북부동맹에 대한 최후의 승리가 거의 손에 들어왔는데 말이다. 2001년에 [탈레반의 수장] 물라 오마르가 미국을 직접 공격하려는 알카에다의 주요 작전에 처음에는 반대했다는 증거가 있다.[60]

제2의 "진주만", 빈 라덴을 잡을 것이냐 아니면 더 원대한 전략을 추구할 것이냐

부시 정부가 탈레반을 상대로 전쟁을 벌이기로 결정한 것은 분명히 알카에다의 미국 국방부·세계무역센터 공격과 관련이 있다.

그런데 어떤 관련인가?

알카에다에 대한 보복이 미국의 핵심 목적이었다면 미국의 행동은 달랐을 것이다. 9·11 다음 주에 미국 정부는 빈 라덴의 인도를 포함한 요구 사항을 작성해서 파키스탄 군 정보기관의 우두머리가 이 요구 사항을 탈레반 수장 물라 무함마드 오마르에게 전달하게 했다. 의회 9·11조사위원회의 보고서를 보면 정보기관의 우두머리는 오마르가 "모든 요구를 거부하지는 않았다"고 알려왔지만 미국은 추가 협상 가능성을 무시했다.[61] 부시 정부는 아프가니스탄 침공을 결정하고 알카에다 지도부의 평화적 체포 가능성에 얽매이지 않으려 했다. 2001년 10월 미국 정부는 탈레반의 평화 협상 제안을 일축했다.

폭격이 시작된 지 일주일 후쯤 탈레반은 미국이 공격을 멈추고 빈 라덴이 9·11의 책임이 있다는 증거를 제시한다면 빈 라덴을 넘겨주겠다고 제안했다. 부시는 이 제안을 거절했다.

협상은 필요 없다. 토론도 필요 없다. 나는 그들이 해야 할 일을 그들에게 정확히 알려 줬다. 유죄냐 무죄냐 따질 필요도 없다. 우리는 그[빈 라덴]가 유죄라는 것을 안다. 그를 넘겨라. …… 내가 협상은 없다고 말했으면 협상은 없는 거다.[62]

미국이 빈 라덴을 잡으려 했을 수 있다. 9·11 같은 공격을 받으면 어느 강대국이라도 그랬을 것이다. 그러나 실제 전쟁을 살펴보면 빈 라덴 체포는 아프가니스탄 점령이라는 목표의 하위였다는 점이 확실하다. 미국은 중동과 중앙아시아의 석유와 천연가스를 통제해 다른 제국주의 경쟁자들과의 경쟁에서 이기려는 전략에서 점령을 시작했다. 모든 정보를 종합하면 이라크가 실제로 미국이 점령하기 원했던 목표였다. 이라크의 정권 교체는 클린턴이 1998년에 이라크해방법을 승인했을 때부터 미국의 공식 정책이었고 조지 부시의 네오콘 무리들은 이라크에 특별한 관심을 두고 2001년에 백악관에 입성했다. 이들의 집착은 9·11 직후에도 변하지 않았다.[63] 국방부와 세계무역센터 공격은 이라크도 포함하는 광범한 전쟁을 시작할 명분을 줬다. 그러나 먼저 아프가니스탄에서 알카에다를 처리해야 했다.

이런 식으로 9·11은 전 세계에서 미국의 패권을 공격적으로 재천명할 수 있는 아주 중요한 핑계거리를 제공했다. 부시 정부는 백악관을 접수하면서 이런 명분을 찾고 있었다. 딕 체니, 도널드 럼스펠드, 국방부 부장관 폴 월포위츠, 잘메이 칼릴자드 등 부시 정부의 많은 고위 관리와 보좌관이 새로운 미국의 세기를 위한 프로젝트PNAC의 네오콘들이었다. 월포위츠는 자신이 공저한 2000년 9월 새로운 미국의 세기를 위한 프로젝트 보고서에서 세계 여러 곳에 동시 개입할 수 있는 군사적 역량을 키우기 위한 방안을 개괄하면서 다음과 같이 썼다. "이것은 혁명적 변화를 수반하겠지만 이런 전환은 오래 걸릴 듯하다. 새로운 진주만 사건 같은 뭔가 비극적이고 사태 전개를 촉진하는 사건이 없다면 말이다."[64] 9·11은 네오콘에게 "진주만" 사건 같은 것이었고 네오콘은 재빨리 그 기회를 이용해서 군사행동에 돌입했다. 비록 그들의 구상은 아프가니스탄 침공으로 시작하는 것은 아니었지만 말이다.

하지만 부시 정부는 아프가니스탄이 그 자체로도 어느 정도는 전략적으로 중요하다는 점을 깨달았다. 클린턴 시대와 단절하겠다고 말로는 떠들어 대지만, 클린턴과 부시는 외교정책에서 중요한 연속성이 있었다. ≪성장하는 열강, 쇠퇴하는 지구Rising Powers, Shrinking Planet≫를 쓴 마이클 클레어는 다음과 같이 썼다. "2000년 대선에서 조지 W 부시는 클린턴의 외교정책을 강도 높게 비판하지만, 집권한 뒤에는 카스피 해 지역에서 전임자의 전략을 재빨리 수용했다."[65] 아프가니스탄 전쟁을 통해 미국은 아프가니스탄뿐 아니라 중앙아시아의 우즈베키스탄과 키르기스스탄에도 군대를 주둔시킬 수 있었다. 클린턴 정부 시절부터 꿈꾸던 뜻밖의 사건 덕분에 미국은 러시아의 문턱과 중국의 양 옆에 미군을 주둔시킬 수 있게 됐고 이라크를 침공한 뒤에는 이란의 양쪽에도 군대를 주둔시킬 수 있었다.

그 후 미군은 우즈베키스탄에서 쫓겨났고, 러시아는 카스피 해 건너편의 그루지야로 진격했다. 그래서 미국의 외교 전략가들은 다시 아프가니스탄을 고수하기로 결정했다. 빌 클린턴의 유엔 대사였고 버락 오바마가 국무장관을 지명하기 전까지는 힐러리 클린턴의 가장 유력한 경쟁자였던 리처드 홀브룩은 올해 초에 아프가니스탄 전쟁이 14년을 끌었던 베트남 전쟁보다 더 길어질 테니 미국은 이에 대비해야 한다고 썼다.[66]

미국이 세운 정권

2001년 가을부터 반反탈레반 전쟁의 핵심 목표가 알카에다가 아니라는 사실이 분명해졌다. 알카에다 색출 외에도 전쟁의 목표로 가장 공공연하게 거론된 두 가지는 인도주의적 원조와 여성 권리의 옹호였다. 그러나 미국이 세운 정권의 성격과 미국이 선택한 동맹들을 보면 실제로 아프가니스탄인들의 복지는 미국 정책 엘리트들의 안중에도 없다는 사실을 알 수 있다. 그들은 언제나 제국주의적 이익만을 추구한다. 미국이 한 짓을 보면 전쟁의 주요 목표가 점령 자체와 미국에 의존하는 새로운 정권의 수립이었음을 알 수 있다.

전쟁 초기의 전략은 미군의 공군력과 북부동맹이 여러 종족 민병대들을 함께 활용하는 것이었다. 북부동맹은 기본적으로 타지크족·우즈베크족·하자라족 군벌로 구성돼 있는데, 하자라족은 소수의 시아파다. 다시 말해 미국은 깡패 군벌들과 종단주의 성직자들 사이의 끝없는 내전에서 군벌을 편들며 아프가니스탄에 개입했던 것이다. 이 내전에서 군벌들은 패배하고 있었는데, 미국이 개입해 지금은 군벌들이 승리했다.

　미국은 권력의 요직을 전리품처럼 배분했다. [아프가니스탄] 국방장관은 타지크족 장군 무함마드 파민에게 돌아갔는데, 그는 군대의 주요 직책에서 다른 종족을 모조리 몰아냈다. 내무장관은 북부 지방에 살던 파슈툰족 50만 명을 인종 청소한 후 탈레반에게 승리했다고 떠들어 댄 우즈베크족 장군 라시드 도스툼에게 돌아갔다. 서부에서는 오랫동안 이란의 하수인이었던 이스마일 칸이 헤라트 주지사가 되자 소수 파슈툰족을 학대했다. 헤라트 주에서는 여성 수백 명이 혹독한 억압을 견디다 못해 스스로 목숨을 끊기도 했다.[67]

　카불에서는 또, 종단주의 광신도 압둘 라술 사야프가 사법부의 주요 실세가 됐다. 사야프는 한때 오사마 빈 라덴의 스승이었고, 필리핀의 알카에다 그룹은 그의 이름을 따서 조직명을 짓기도 했다. 사야프의 조언으로 카르자이가 대법원장으로 임명한 자는 중매결혼을 거부한 여성들을 잔뜩 잡아다 카불 교도소에 가둔 전력이 있다. 또, 이 대법원장은 탈레반식 종교 경찰 조직을 다시 창설하고 이름만 책임부Accountability Department로 바꿨다.[68] 지금 사야프는 카불 외곽에 살고 있고 친미파 국회의원이다. 그는 빈번하게 교외에 나가 강도짓을 하고 여성들을 강간한다.[69] 사야프가 미국의 동맹이 될 수 있었던 주요 이유는 그가 북부동맹에서는 얼마 안 되는 파슈툰족 출신 지도자이고, 탈레반에 반대한다는 점 때문이다.

새로운 정권하에서 소녀들 일부가 학교에 다닐 수 있게 됐고 여성 의원도 소수 생겨났다. 그러나 새로운 아프가니스탄에서 여성들의 운명으로 대차대조표를 그리면 이득보다 손실이 더 많다. 2007년에 한 아프가니스탄 페미니스트는 저널리스트인 존 필저에게 다음과 같이 말했다.

우리 아프가니스탄 여성들은 탈레반이 갑자기 미국의 공식적인 적이 된 2001년 9월 11일 이후에야 서방의 주목을 받기 시작했습니다. 그렇습니다. 탈레반은 여성들을 학대했습니다. 그러나 그들이 특별히 더 심했던 것은 아닙니다. 우리는 서방의 후원을 받는 군벌들의 잔악함에 침묵하는 서방에 분개했습니다. 이 군벌들도 다르지 않기 때문입니다. 군벌들은 여성들을 강간하고 납치하고 테러합니다. 그러나 그들은 카르자이 정부의 요직을 꿰차고 있습니다. 어떤 면에서는 탈레반 시절이 더 안전했습니다. 그때는 아프가니스탄의 거리를 안전하게 돌아다닐 수 있었습니다. 지금은 거리를 돌아다닐 때 목숨을 걸어야 합니다.[70]

자신을 미국의 동맹이라고 여기는 군벌들은 경쟁자들을 꺾기

위해 애를 썼고 여성과 아동을 강간하며 파슈툰족을 억압했다.[71]

미국은 군벌 정부의 우두머리로 하미드 카르자이를 임명했다. 카르자이 자신은 군벌이 아니지만, 그는 반소 전쟁 때부터 미국과 관계를 맺었고 파슈툰족이면서도 탈레반에 반대했다.[72] 카르자이는 탈레반에 반대하는 파슈툰족 가운데 가장 두드러진 인물은 아니었다. 다른 인물들이 카르자이보다 더 많은 지지를 받고 있었지만 미국은 그들을 지도자로 끌어올리지 않았다. 그들은 독자적 정치 기반이 있어서 미국의 말을 듣지 않고 멋대로 행동할 수 있었기 때문이다.[73]

미국이 이런 식으로 동맹을 선택하다 보니 전쟁은 사실상 아프가니스탄의 최대 종족인 파슈툰족을 배제해서(독자적 기반은 없지만 고위급 인사인 카르자이는 포함하고) 군벌들의 지배를 복원하는 과정이 돼 버렸다. 물론 군벌들은 사실은 미국의 동맹이 아니라 하수인일 뿐이다.

새로운 체제의 작동 방식

카르자이 정권과 군벌들은 모든 면에서 기능 장애를 겪고 있다. 아프가니스탄은 가난하면서도 불평등한 사회다. 아프가니스탄은 계급 사회로서, 대다수 사람들은 입에 풀칠하기도 힘든 삶을 근근이 이어가는 반면, 군벌들과 정치인들과 미국에 빌붙은 하청업자들은 부자가 됐다. 미국의 암묵적 동의로 2002년에 다시 시작돼 급성장한 아편 무역, 상품 운송에 매기는 관세와 각종 요금, 외국 정부들이 아프가니스탄 내 정파들에게 직접 주는 후원금, 해외 원조 등이 그들의 돈줄이었다.

아편 작물의 수출 가치는 약 40억 달러로 아프가니스탄 국내 총생산의 절반과 맞먹는다.[74] 서방의 공식 통계를 보면 아편 작물 수출의 주된 수혜자는 탈레반이지만, 실제로 탈레반에게 돌아가는 금액은 십중팔구 1억 달러에 불과하다. 전체 수익의 70~80퍼센트는 밀매업자들과 그들을 비호하는 민간인들과 군인들이 가져간다.[75] 물론 농민들은 식용작물을 키울 때보다 훨씬 더 많이 버는 것은 아니지만 구매자들이 미리 돈을 주고 사는 작물은 아편뿐이다.[76]

이처럼 이윤은 크고 작은 군벌과 그들의 가업을 위해 뒷일을 처리하는 친인척 관리들이나 군인들이 가져간다.[77] 지역 수준에서 밀매업자들과 그 비호 세력의 관계가 공고해진 것은 탈레반의 퇴각 후 CIA가 농촌 지역에서 군벌의 민병대를 "해체"했을 때였다. 더 소규모 군벌들은 경찰 수장이 됐고 민병대원들은 자기 무기를 가지고 경찰 등으로 편입됐다.[78] 외교정책 전문가나 군인들의 용어로 말하자면, 이 친미 세력들(마약왕들)은 먹고살기 위해 온 나라를 '불안정'한 '무법천지'로 만들었다.

두 번째 주요 수입원인 교역세도 무기를 가진 자들이 사사로 이 통제한다. 거대 군벌들은 자기가 관할하는 지방 전체의 교역세를 차지하고, 군소 군벌들은 지역의 도로에서 통행세를 챙긴다. 교역세를 다 합치면 연간 5억 달러가 넘고, 이는 중앙정부의 예산을 초과한다.[79] 흉작 때문에 이미 높았던 식량 가격이 탈레반이 폐지했던 국내 통행세가 부활하면서 폭등했다.[80]

세 번째로, 외국이 아프가니스탄 내 정파 지도자들에게 직접 주는 후원금은 경로를 추적하기도 힘들고 그 규모를 가늠하기도 어렵다. 하지만 이런 후원금은 아프가니스탄의 내부 권력 균형에서 중요한 구실을 한다. 도스툼이나 아타 무함마드나 사르다르 무함마드 다우드 같은 북부의 군벌들은 러시아와 우즈베키스탄의 지원을 받았고 이스마일 칸은 오랫동안 이란에게 돈을 받았다. 아프가니스탄 군대를 타지크족 일색으로 만든 무함마드 파민은 러시아와 인도와 이란에게 돈을 받았다. 반反탈레반 전쟁이 시작된 2001년에 CIA와 미 국방부는 크고 작은 군벌들의 주요 후원자가 됐다. 예를 들어 사야프는 전쟁 초기에 CIA에게 10만 달러를 받았다.[81] 파키스탄은 은밀하게 탈레반을 도왔고, 전 세계에서 몰려든 다양한 이슬람주의 저항 세력들을 지원했다.[82]

네 번째는 공식 해외 원조로, 아프가니스탄으로 들어오는 방법은 크게 두 가지다. 해외 원조 총액의 40퍼센트에 달하는 돈이 신자유주의 방식으로 정부를 우회해서 NGO들로 직접 들어가는

데, 이 NGO는 거의 다 외국인이 운영한다. 이런 돈의 상당 부분은 또한 아프가니스탄에서 신속하게 빠져나가는데, 서방 업체와 거래하는 NGO 운영자들의 은행 계좌로 돈이 지급되기 때문이다.[83] 한 연구 결과를 보면 아프가니스탄 재건 비용은 결국 미국 기업들의 수중으로 들어갔다.

2005년 6월에 비영리 단체 액션에이드가 발표한 보고서를 보면 아프가니스탄 재건비용으로 책정된 미국 세금이 실제로는 결국 부유한 미국 기업들의 호주머니로 들어갔다. 수혜국은 손에 쥐어 보지도 못한 '팬텀 에이드'*는 사기나 마찬가지인데, 미국 국제개발처USAID와 하청계약을 체결한 대체로 무능한 미국인 '전문가'들의 크게 부풀려진 인건비가 국제개발처에서 미국 은행 계좌로 곧장 입금되기 때문이다. 게다가 수혜국이 받은 원조의 70퍼센트는 공여국에 '묶이게' 되는데, 원조 금액의 일부를 공여

---

* 팬텀 에이드Phantom Aid: 국제 개발 NGO 액션에이드가 발간한 리얼 에이드 보고서에서 주장된 개념으로 리얼 에이드Real Aid(진정한 원조)와 반대 개념이다. 리얼 에이드는 빈곤한 사람들을 직접 돕는 원조를 말하며, 팬텀 에이드는 1. 빈곤 감소를 위한 목표가 아닌 원조, 2. 중복 계산되는 부채 탕감, 3. 비싸고 비효율적 기술 원조, 4. 원조의 질을 떨어뜨리는 구속성 원조, 5. 공여국 간의 낮은 수준의 협력으로 인한 업무처리 비용, 6. 공여국 내에서 사용한 난민 지원 비용, 7. 과다한 행정 비용을 포함한 원조를 뜻한다. 즉 팬텀 에이드는 수혜국의 빈곤한 사람들의 빈곤 경감을 위해 직접 쓰이지 않는, 그래서 진정한 의미의 원조가 아닌 것을 뜻한다.

국 상품이나 서비스를 구입하는 데 사용해야 한다는 조건이 붙어 있기 때문이다. 그래서 흔히 수혜국에서는 물가 폭등이 일어난다. 미국은 이런 사기에서 타의 추종을 불허하는데, 액션에이드가 계산한 결과를 보면 미국의 해외 원조 가운데 86퍼센트가 팬텀이다.[84]

해외 원조의 나머지 부분은 국가가 가져가고 국가와 결탁한 사람들이 이를 통제한다. 이들은 정부 자금을 빼돌리거나 자신의 공적 지위를 이용해 부당하게 취득한다. 2006년에 크리스천 파렌티는 다음과 같이 썼다.

정부가 …… 불로소득 계급의 소굴이 되고 있다. 정부 기관은 서비스 제공이나 경제개발을 돕도록 고안된 것이 아니라 수익을 빼돌리도록 고안됐다. …… 정부의 32개 부처에는 인력이 과다하고 직원들은 대개 한 달에 30~100달러밖에 벌지 못한다. ……
　자기 지위를 이용해 뇌물을 요구하거나 공금을 횡령하는 것은 놀라운 일이 아니다. 각 부서들이 하는 일이라고는 면담 거부, 인허가 거절, 책임 부인, 원조 금액을 더 많이 배정받으면 일을 더 잘 할 수 있는 사람들을 방해하기가 전부다. ……
　탈레반이 타도되고 5년이 지났는데도 카불에서 전기는 하루에 세 시간만 들어오고 수도는 비위생적이고 마실 수 없다. 의료 체계는 없거나, 있더라도 외국계 NGO가 운영한다. 초등학교에는 교사가 부족하다. 정부는 공공사업에서 거의 손을 놓았다. 식품 안전 체계도 없고 농업 성장 계획도 없다. 탄광, 가스전, 시멘트 공장, 비행기가 대여섯 대밖에 없는 국영항공사, 낡은 호텔들, 대형 곡물 창고 등 국유 산업에는 거의 투자가 되지 않는다.

카불에서 세금을 내려면 우선 세금 징수관에게 뇌물을 줘야 한다! 뇌물을 주지 않으면 세금 미납으로 처리되기(징수관이 빼돌리기 때문에) 때문이다.[85]

네 가지 주요 수입원을 살펴보면 미국이 어떻게 아프가니스탄에서 자기 하수인들을 매수했는지를 알 수 있다.[86] 콘돌리자 라이스가 카르자이 정부를 '나쁜 정부'라고 욕할 수도 있고, 버락 오바마도 정상회담에서 카르자이에게 국민에게 봉사하는 대통령이 되라고 말할 수도 있지만, 아프가니스탄 정권의 부패는 미국이 저지른 전쟁의 산물이다. 미국이 세운 예속 국가가 비리, 매관매직, 부패가 심하고, 늘 불안정하다고 해도 누구도 놀라지 않을 것이다. 미국 같은 외세가 자기편을 만들 때 현지 엘리트들의 소수 특권층이 부를 착복할 수 있도록 밀어주는 것보다 더 효과적인 방법은 없다.

아프가니스탄은 마피아 조직처럼 운영되는데, 제국주의가 그렇게 키웠기 때문이다. 또한 서로 경쟁하는 제국주의 열강들이 서로 다른 정파들을 후원하기 때문에 아프가니스탄에서는 마피아들의 경쟁 관계도 지속된다. [제국주의 사이의] 완충 국가로 태어난 아프가니스탄 건국 자체가 범죄를 키운 것이나 다름없고, 강대국들이 아프가니스탄에 눈독을 들일수록 범죄가 많아진다. 지난 30년 동안 외국의 개입이 강화할수록 아프가니스탄인들의 상황은 계속 나빠졌다. 30년 전에는 외부 세계를 거의 모르던 많은 사람들이 제국주의의 침공을 두 번(소련과 미국)이나 겪으면서 이제는 국제적인 지하드[성전]를 알게 됐다. 아프가니스탄에는 '지하경제'가 없었지만 이제는 전체 인구의 14퍼센트 이상이 아편 사업에 관여하고 있고 약 4퍼센트가 마약중독자다.[87] 30년 전에는 사람들이 대체로 그럭저럭 먹고 살 수는 있었는데, 올해 겨울에는 아프가니스탄인의 3분의 1(900만 명)이 극심한 식량 부족을 겪을 것이다.[88] 생활 조건이 이토록 피폐해진 것을 보면 외국이 개입한 진정한 의도가 아프가니스탄인들의 복지와 무관하다는 것을 알 수 있다.

버락 오바마와 플랜 B

부시의 시대가 거의 끝난 2008년의 미국 패권은 풍전등화와 같다. 미군은 너무 많은 곳에 손을 뻗친 나머지 가랑이가 찢어질 판이고, 미국인들은 환멸에 빠져 방향 감각을 상실했고, 미국의 신뢰는 파탄 나고, 세계는 극도로 위험해졌다.[89]

저널리스트인 아메드 라시드는 자신의 최근작 ≪아프가니스탄≫에서 위와 같이 썼다. 하지만 라시드가 책을 쓴 목적은 전쟁에 반대하기 위해서가 아니라 전황을 호전시키기 위해서다. 예를 들어 라시드는 미국은 영국 제국이 점령지를 잘 관리한 방식을 배우라고 주장했다.

라시드처럼, 아프가니스탄 주둔 미군 사령관들이나 전쟁에 찬성하는 버락 오바마 같은 자유주의 정치인들은 전쟁에 더 많은 자원을 투입하라고 줄기차게 요구했다. 그들은 아프가니스탄을 전략적 예속 국가로 유지하려는 계획에 완전히 동의한다. 그들이 비판하는 주요 내용은 전쟁 자체가 나쁜 생각이었다는 것이 아니라 값싸게 전쟁을 치르려 했다는 것이다. 값싼 전쟁은 부시 정부가 이라크에서 진정으로 원했던 전쟁 수행 방식이었다. 이른바 '경량화 전쟁' 전략의 결점은 공군력으로 소규모 지상군을 보완한다는 것만이 아니었다. 경량화 전쟁 비판자들은 국가권력을 구축하는 데서 시작되는 '국가 건설'에 착수하지 않은 것도 문제라고 주장한다. 부시와 국방장관 도널드 럼스펠드의 계획은 아프가니스탄 중앙정부는 약하게 놔두고 군벌들을 서방의 또 다른 대리인으로 이용하는 것이었다. 그러나 그들은 자신들의 계획에 대한 반발을 바탕으로 탈레반과 그 동맹 세력이 군벌에 대한 사람들의 혐오, 민간인 희생에 대한 분노, 부패한 정부에 대한 염증을 이용해서 재기할 것이라고는 상상도 못했다.

심각한 무장 저항이 다시 시작된 2006년부터 탈레반과 그 동맹들은 군소 군벌을 무너뜨리고 성장하기 시작했다. 올해[2008년] 9월에는 "카불에서 차를 타고 동쪽, 서쪽, 남쪽으로 1시간만 가면 탈레반이 장악한 검문소를 마주치게 된다."[90] 2008년 12월 국제안보개발위원회가 발표한 보고서를 보면 2007년 11월에 탈레반이 장악한 지역은 아프가니스탄 전체의 54퍼센트였는데, 이제는 72퍼센트로 늘었다.[91]

오바마의 계획은 럼스펠드 사퇴 이후 이미 계속 진행 중인 변화의 연장선에 있다. 오바마는 아프가니스탄에 주둔하는 미군의 수를 기존의 3만 명 수준에서 앞으로 2년 안에 5만 명 수준으로 늘리자고 제안했는데, 이 계획은 이미 실행되고 있다.[92] 오바마는 '경량화 군대'의 규모도 늘리고 개발 원조도 늘리고 카르자이 정부를 인정할 수도 있는 저항 세력과는 평화 협상도 하자고 주장한다.

오바마 제안의 첫 번째 부분, 즉 병력 증파는 전쟁을 확대하자는 의미인 듯하다. 반면에 두 번째, 즉 평화 협상과 인도주의적 원조는 평화를 의미하는 듯하다. 사실 두 부분은 모두 새로운 전략의 일부다. 탈레반은 주로 동부와 남부에서 군소 군벌들을 격퇴하며 성장했다. 미국이 추진하는 계획은 서방의 지원을 받는 중앙정부에서 시작해 지방으로 통제력을 넓히자는 것이다. 그래서 저항 세력이 성장할 수 있는 지역에서 군벌들을 갈아치우겠다는 것이다. 그러나 그렇다고 해서 북부동맹이라는 거물 군벌들을 제거하겠다는 것은 아니다. 북부동맹은 정권 내부에서 영향력이 워낙 크고 탈레반에게 그렇게 많이 밀리지도 않았기 때문이다.

오바마의 계획에서 국가 건설 부분에 해당하는 개발 원조는 전쟁에 협력하고 중앙정부에 충성하는 현지 실세들의 호주머니로 들어갈 것이다. 국가 건설 계획에는 베나지르 부토의 생각과 비슷한 구석이 있다. 부토는 파키스탄에서 중앙정부의 통치권이 소수종족연방보호지역FATA까지 확대되기를 바랐다. 2007년 가을에 베나지르가 [망명에서] 파키스탄으로 돌아오자 〈네이션〉은 다음과 같이 보도했다. "부토는 소수종족보호지역에서 폭력을 이용해 종교를 확산시키려는 자들을 무력으로 진압하겠지만 그렇지 않은 자들에게는 개발, 자치, 민주주의를 보장할 것이다."[93] 부토의 정당[파키스탄인민당]과 그 동맹들은 정부가 통제하지 못하는 지역을 포섭해서 통합하겠다는 전략을 계속 공언하고 있다. 2008년에 부시 정부는 파키스탄 정부가 소수종족보호지역에서 전쟁 동맹 세력을 매수하는 데 쓸 "개발 원조 자금" 7억 5000만 달러를 향후 5년 동안 파키스탄에게 제공하겠다고 약속했다. "그러나 랜드 코퍼레이션Rand Corporation의 파키스탄 전문가 크리스틴 페어는 급진 세력들이 그 지역을 장악하고 있는 점을 감안하면 '4년 늦었다'고 말했다. 최근 보고서에서는 '우리가 그 돈을 누구에게 써야 할지 모르겠다'고 말했다."[94] 부시 정부에 뒤질세라 버락 오바마와 조지프 바이든은 2008년 7월에, 앞으로 5년 동안 파키스탄에 대한 비군사 원조 금액을 75억 달러까지 늘리는 법안을 공동 발의했다.[95]

아프가니스탄 내부에서도 미국과 나토는 개발 원조를 이용해서 "전쟁 동맹", 즉 하수인과 앞잡이를 획득하려는 노력을 강화하고 있다. 2008년에 제임스 스머커는 다음과 같이 썼다.

카불의 남쪽 지역은 새롭게 개선된 미군의 진압 작전[이 성공할지를 알 수 있는] 리트머스시험지가 되고 있다.

이 때문에 미국과 나토가 이끄는 75인의 지방재건팀, 즉 "PRT"의 활동에 대한 촉구와 강조가 늘었다. ……

알카에다와 탈레반의 부자 물주들이 호시탐탐 기회를 엿보다가 청년들을 꼬드겨 돈도 주고 순교도 약속하며 전투에 내보내는 상황에서, 미군 내부의 많은 사람들은 미군과 나토가 아프가니스탄 청년들에게 활동과 고용을 보장할 수 있을지 없을지가 아프가니스탄에서 저항을 진압하는 데 핵심이라고 여긴다.[96]

오바마는 새로운 접근법에 동의한다. 올해 초에 연설에서 오바마는,

"미국의 힘을 모두 통합해야 한다"고 말하면서 "[럼스펠드 사퇴 후 — 지은이] 육군과 해병대가 새로 만든 반란 진압 교본에 제시된 것처럼 능력을 더 폭넓게 활용"하자고 주장했다. 그 교본은 퍼트레이어스가 썼다. 오바마는 "성공하려면 우리 민간의 역량을 향상시켜야 한다. 세계에서 가장 훌륭한 군대도 때로는 위험한 곳에서 경제적·정치적 재건 임무를 해낼 수 있는 민간의 협력이 없으면 폭도들과 테러리스트들을 이길 수 없다"고 말했다. 오바마는 "최상·최고의 인재를 영입하고, 외교관의 수와 능력을 배양하고, 군대와 함께 일할 수 있는 전문가와 그 밖의 민간인을 육성해서 민간의 역량을 강화하겠다고 약속했다.[97]

이처럼 자유주의자들은 군사행동과 개발 계획을 통합한 지방 재건팀을 모델 삼아 작전을 엄청나게 확장하려는 생각을 품고 있다. "국가 건설" 노력은 모두 중앙정부의 통제력 확장이라는 정책의 핵심 목표에 종속된 것이다. 옛 하수인들은 철저하게 종속적인 관계로 재편되고 옛 하수인들이 협조하지 않는 곳에서는 새로운 하수인을 찾는다. 후원 약속에는 언제나 폭력적 위협이 수반된다. 따라서 점령군의 말을 듣지 않는 자들은 철권으로 응징당할 것이다.

잠재적 하수인이 지금은 탈레반 편에서 싸우고 있다면 평화 협상을 제안한다. 미국은 탈레반의 중앙 지도부와는 대화하지 않는다. 그들이 카르자이 정부의 정통성과 그 안에서 거물 군벌들이 하는 구실에 반대하기 때문이다. 최근에 탈레반 지도자 한 사람은 평화 협상에 나서지 않겠다는 기존 태도를 재확인했다.[98] 카르자이는 물라 오마르와 대화하고 싶을 수 있지만 미국의 관점에서 보면 평화 협상은 피라미를 위한 것이다. 평화 협상은 저항 세력을 분열시키기 위한 것일 뿐이다.[99] 평화 협상 제안은 또한 서방의 반전 목소리를 잠재우기 위한 것일 수도 있다. 나토 회원국을 비롯한 서방의 여러 나라에서는 파병에 반대하는 저항이 미국보다 더 강력하기 때문이다.

전쟁에 협력하는 자들에게 개발 사업을 배당해서 보답하는 계획과 마찬가지로 평화 협상도 새로운 전략의 일부다. 전쟁의 목적은 바뀌지 않았다. 전쟁의 목적은 아프가니스탄인들을 인도주의적으로 돕는 것도, 여성을 해방시키는 것도 아니며, 알카에다 색출과도 아주 미약한 관련이 있을 뿐이다. 전쟁의 목적은 여전히 점령 자체다. 미국의 목표는 이 전략적 요충지에 군대를 주둔시키는 것이다. 2005년에 미국은 카르자이와 함께 "전략적 파트너십"을 선언했다. 이 선언으로 미국은 아프가니스탄에 군대를 영구히 주둔시킬 수 있는 권리를 갖게 됐다.[100]

분명히 오바마는 새로운 전쟁 계획을 인도주의라는 미사여구로 치장할 것이다. 그러나 실제로 전쟁은 인도주의적 원조를 가로막을 것이다. 이미 1년 전에 아프가니스탄 영토의 거의 절반이 원조·개발 노동자들은 들어갈 수 없는 "출입 금지" 지역으로 설정됐다.[101] 국제적십자위원회 같은 NGO들은 대부분 무장 호위를 받으며 분쟁 지역에 들어가기를 거부한다. 점령군과 관련 있는 것처럼 보일까 봐 두려워하기 때문이다. 오바마가 미국 정부의 직접 원조를 늘려 NGO들의 구실을 대체할 수도 있겠지만, 이렇게 원조가 군사화하면 진정한 목표가 전쟁을 지속하려는 것임이 드러나게 될 것이다.

오바마가 뭐라고 말하든 외국 군대가 아프가니스탄인들을 위해서 주둔한다는 주장을 정당화할 수 없을 것이다. 식민주의자들은 재앙적인 침공과 군사점령 상황에서 개발을 추진하는 것이 "국가 건설"이라고 오만하게 주장한다. 강대국에 예속되지 않으면 어떤 나라도 발전할 수 없다는 듯이 말이다. 그러나 이런 식의 이른바 '국가 건설'은 국가의 주권(확실히 진정한 국가 건설의 출발점인)을 거부하는 것을 바탕으로 하고 있고, 이에 저항하는 운동은 모조리 막강한 화력을 사용해 분쇄하는(그래서 재건이 필요하다) 것도 포함된다. 이것은 단지 부패와 낭비의 문제만도 아니고 원조가 부족한 문제만도 아니다. 계획 전체가 아프가니스탄 민중의 이익을 위한 것이 아니라 미국의 통제력과 이익을 증대하기 위한 것이라는 점이야말로 진짜 문제다. 모든 제국주의적 프로젝트에는 추악한 부정 비리와 부패가 수반되기 마련이다. 점령의 재앙적 결과는 바로잡으면 되는 실수가 아니라 식민지 점령이 어떤 것인지를 보여 주는 증거이고 우리가 점령에 반대해야 하는 이유일 뿐이다.

많은 외국 군대 병사들이 자신의 경험을 통해 이런 결론에 이르고 있다. 이들의 증언은 효과적인 반전운동을 건설하는 데 중요한 구실을 할 것이다.[102] 이 전쟁에는 병사들이 피 흘릴 가치가 전혀 없다. 그러나 진정한 악몽에 시달리는 사람들은 아프가니스탄인들이다. 반소 전쟁 기간에 레이건 지지자들은 아프가니스탄인이 단 한 명만 남더라도 자신들은 소련군에 맞서 싸우겠노라고 농담을 했다. 지금도 미국은 자신의 제국주의적 이해관계를 위해 아프가니스탄인들의 목숨을 걸고 도박을 하고 있다.

주

1   Sonali Kolhatkar and James Ingalls, *Bleeding Afghanistan: Washington, Warlords, and the Propaganda of Silence* (New York: Seven Stories Press, 2006), p 115.

2   Ahmed Rashid, *Descent into Chaos: The United States and the Failure of Nation Building in Pakistan, Afghanistan, and Central Asia* (New York: Viking Penguin, 2008), p xxxviii.

3   Candace Rondeaux, "End civilian deaths, Karzai tells Obama," *Washington Post*, November 6, 2008.

4   Rashid, 위의 책, p 365.

5   Human Rights Watch, "Troops in contact: Airstrikes and civilian deaths in Afghanistan," September 2008, p 4, 7.

6   같은 글, p 4.

7   Anand Gopal, "Afghan civilian death toll undermines U.S. support," *Christian Science Monitor*, September 18, 2008.

8   Gareth Porter, "Fears of blowback nixed airstrikes in 2004," Inter Press Service, ipsnews.net/news.asp?idnews=44358.

9   Gopal, "Afghan civilian death toll undermines U.S. support." 하지만 여론 조사의 정부 지지도는 대체로 과장돼 있다. 부분적으로는 설문자들이 탈레반이 크게 지지받는 지역에서는 조사하지 않았기 때문이다. Antonio Giustozzi, *Koran, Kalashnikov and Laptop: The Neo-Taliban Insurgency in Afghanistan* (New York: Columbia University Press, 2007), p 36을 보시오.

10 Thom Shanker, "NATO tries to reduce civilian casualties," *New York Times*, September 17, 2008.

11 Anand Gopal, e-mail to author, December 8, 2008.

12 Giustozzi, 위의 책, p 108~09.

13 Marc Herold, "Truth as collateral damage," *Guardian*, October 22, 2008.

14 Giustozzi, 위의 책, p 34~35.

15 외국 군대 병사들이 얼마나 희생됐는지 알고 싶으면 "1,002 foreign soldiers killed in Afghanistan since 2001," *AFP*, October 27, 2008을 보시오. "사망 비율"에 대해서는 Seumas Milne, "Civilian dead are a trade-off in NATO's war of barbarity," *Guardian*, October 16, 2008을 보시오.

16 점령군이 평범한 아프가니스탄인에게 가하는 형벌의 남용에 대한 분노에 관해서는 Kolhatkar and Ingalls, *Bleeding Afghanistan*, p 63~82를 보시오.

17 "Afghanistan: U.S. attack kills 37," *Associated Press*, November 5, 2008.

18 "Petraeus says Afghan tribes could help fight Afghan militants," *Associated Press*, November 6, 2008.

19 Graeme Smith, "Talking to the Taliban," *Globe and Mail*, March 22~28, 2008.

20 Raja Anwar, *The Tragedy of Afghanistan: A First-Hand Account* (New York: Verso, 1988), p 15~16.

21 Barnett Rubin, "The political economy of war and peace in Afghanistan," 1999, www.eurasia.net/resource/regional/rubin_on_afgistan.html. 22 Gérard Chaliand, *Report from Afghanistan* (New York: Penguin Books, 1982), pp 19, 22~26.

23 아프가니스탄의 사회관계에 대한 논의를 알고 싶으면 Anwar, 위의 책, pp 84~85, 125~40을 보시오.

24 같은 책, pp 135, 84~85.

25 같은 책, p 89.

26 Chaliand, 위의 책, p 37.

27 Ralph H. Magnus and Eden Naby, *Afghanistan: Mullah, Marx, and Mujahid* (Boulder, Co.: Westview Press, 2000), p 122.

28 Tariq Ali, *The Clash of Fundamentalisms: Crusades, Jihads and Modernity* (New York: Verso, 2002), p 207.

29 Chaliand, 위의 책, p 39와 Rashid, 위의 책, p 126을 보시오.

30 같은 책.

31 Coll, *Ghost Wars: The Secret History of the CIA, Afghanistan, and Bin Laden, from the Soviet Invasion to September 10, 2001*(New York: Penguin Books, 2004), p 165~66.

32 같은 책, pp 166~67, 202.

33 같은 책, p 204.

34 같은 책, pp 211~37.

35 같은 책, pp 262~63.

36 Rubin, "Political economy of war and peace."

37 같은 글.

38 같은 글과 Coll, *Ghost Wars*, p 180도 보시오.

39 Giustozzi, 위의 책, pp 40, 44.

40 탈레반을 훈련시키고 부족적 충성보다 범이슬람주의 연대를 우선시 한 이슬람 디오반디스 학파. Peter Marsden, *The Taliban: War, Religion, and the New Order in Afghanistan*(London: Zed Books, 1998), p 79을 보시오.

41 Coll, 위의 책, p 333.

42 같은 책, p 297. Kolhatkar and Ingalls, *Bleeding Afghanistan*, pp 23~24, 144~45도 보시오.

43 Coll, 위의 책, pp 282~83, 292.

44 같은 책, pp 285, 291.

45 Rubin, "Political economy of war and peace." Giustozzi, 위의 책, pp 16, 39~40도 보시오.

46 Giustozzi, 위의 책, pp 43~45.

47 Coll, 위의 책, p 265.

48 Michael T. Klare, *Rising Powers, Shrinking Planet*(New York: Metropolitan Books, 2008), p 116.

49 같은 책, p 123.

50 Coll, 위의 책, pp 290~92.

51 같은 책, pp 305, 330.

52 Kolhatkar and Ingalls, 위의 책, p 226. Coll, 같은 책, pp 304~05도 보시오.

53 Phil Gasper, "Afghanistan, the CIA, bin-Laden, and the Taliban," *International Socialist Review*, November–December, 2001, p 34에서 인용.

54 Kolhatkar and Ingalls, 위의 책, p 87.

55 Barbara Crossette, "U.S. and Russia ask harsh sanctions on Afghanistan," *New York Times*, December 8, 2000. Coll, 위의 책, p 345도 보시오.

56 Coll, 같은 책, p 464.

57 같은 책, p 332.

58 Robert Scheer, "Bush's Faustian deal with the Taliban," Nation, May 22, 2001.

59 John Pilger, "The good war is a bad war," January 9, 2008, www.johnpilger.com/page.asp?partid=470.

60 *The 9/11 Commission Report*(Washington: Government Printing Office, 2007), p 251.

61 같은 책, p 333.

62 Kolhatkar and Ingalls, 위의 책, pp 50~51.

63 Rashid, 위의 책, pp 64~65.

64 "Rebuilding America's defenses: Strategy, forces and resources for a new century," September 2000, *Project for the New American Century, 51*. 웹사이트www.newamericancentury.org/?RebuildingAmericasDefenses.pdf에서 볼 수 있다.

65 Klare, 위의 책, p 125.

66 Richard Holbrooke, "The Next President: Mastering a Daunting Agenda," *Foreign Affairs*, September/October 2008, p 21.

67 타지크족 군대에 대해서는 Rashid, 위의 책, pp 201~202을 보시오. 종족 청소에 대해서는 Rashid, 위의 책, pp 94~95를 보시오. 헤라트 주의 파슈툰족과 여성에 대해서는 Kolhatkar and Ingalls, 위의 책, pp 106, 114, 144를 보시오.

68 Kolhatkar and Ingalls, 위의 책, pp 145~46.

69 Rashid, 위의 책, p 215.

70 John Pilger, 위의 글.

71 Kolhatkar and Ingalls, 위의 책, p 115.

72 같은 책, p 124. Coll, 위의 책, p 461.

73 Kolhatkar and Ingalls, 위의 책, pp 89~90.

74 *UN World Drug Report*, 2008, www.unodc.org/documents/wdr/WDR_2008/WDR2008_Statistical_Annex_Production.pdf.

75 탈레반이 아편 생산에서 얻는 수익에 대해서는 Jason Straziuso, "Ignoring poppies to keep peace," *Associated Press*, May 7, 2008. 다른 수익 방법에 대해서는 Barnett Rubin, "More misleading talking points on drugs in Afghanistan from UNODC, U.S.G, etc.," April 13, 2008, icga.blogspot.com/2008/04/rubin-more-misleading-talking-points-on.html.

76 Rubin, "Political economy of war and peace."

77 Barnett R. Rubin and Jake Sherman, "Counter-Narcotics to Stabilize Afghanistan : The False Promise of Crop Eradication," *Center on International Cooperation*, 2008, p 17.

78 Rashid, 위의 책, p 204.

79 Kolhatkar and Ingalls, Bleeding Afghanistan, p 109.

80 Alistair Scrutton, "Food crisis competes for Afghan 'hearts and minds'," *Reuters*, September 29, 2008.

81 Rashid, 위의 책, pp 206, 215.

82 Giustozzi, 위의 책, pp 86~88.

83 Toby Poston, "The battle to rebuild Afghanistan," *BBC*, April 10, 2006.

84 "#11: The Scam of "Reconstruction" in Afghanistan," Project Censored top censored stories for 2008, http://www.projectcensored.org/top-stories/articles/11-the-scam-of-reconstruction-in-afghanistan/.

85 Christian Parenti, "Taliban rising," *Nation*, October 12, 2006.

86 보통의 자본가 기업이 이윤의 일부를 창출하기도 한다. 아프가니스탄에는 시멘트 공장과 면화 공장도 있기는 하지만 아프가니스탄의 산업은 거의 천연가스, 석탄, 소금, 보석 생산이다. 군벌이 가장 큰 기업을 통제한다. Rashid, Descent into Chaos, p 187을 보시오.

87 Barnett R. Rubin and Jake Sherman, "Counter-narcotics to stabilize Afghanistan,"와 Tan Ee Lyn, "Drugs undermine Afghan efforts to rebuild," *Reuters*, May 7, 2008.

88 식량 위기에 대해서는 Carlotta Gall, "War and drought threaten Afghan food supply," *New York Times*, September 18, 2008을 보시오.

89 Rashid, 위의 책, p lvii.

90 Kim Barker and Aamer Madhani, "Would mini-surge tame Afghanistan?"

Chicago Tribune, September 3, 2008.

91 "Struggle for Kabul: The Taliban advance," International Council on Security and Development, December 2008, www.icosgroup.net/modules/reports/struggle_for_kabul.

92 최근의 단기 군대 증파에 대해서는 Anthony Cordesman, "Why the U.S. is losing in Afghanistan," *Asia Times*, October 1, 2008. 장기 계획에 대해서는 Nancy Youssef, "Top U.S. commander warns that Afghan war could get worse," *McClatchy newspapers*, www.mcclatchydc.com/homepage/story/53351.html.

93 Graham Usher, "Benazir Bhutto's defining moment," *Nation*, October 29, 2007.

94 Jason Motlagh and Jim Lobe, "The 'war on terror' moves East."

95 Chris Good, "Obama joins Sens. Biden, Lugar on bill to triple Pakistan aid," July 15, 2008, http://briefingroom.thehill.com/2008/07/15/obama-joins-sens-biden-lugar-on-bill-to-triple-pakistan-aid/.

96 Philip Smucker, "Mission creep in Afghanistan," *Asia Times*, February 1, 2008.

97 Liliana Segura, "The sounds of silence and equivocation: Obama and torture," *CounterPunch*, February 11, 2008.

98 Syed Saleem Shahzad, "Taliban not talking peace," *Asia Times*, November 25, 2008.

99 David Whitehouse, "When peace talks are really a war strategy," *Socialist Worker*, October 30, 2008도 보시오.

100 Tariq Ali, "Afghanistan: The mirage of the good war," *New Left Review* 50, March–April 2008.

101 Nick Meo, "Leaked aid map of Afghanistan reveals expansion of no-go zones," *London Times*, December 5, 2007.

102 예를 들어 Aaron Glantz, *Iraq Veterans Against the War*와 *Winter Soldier Iraq and Afghanistan: Eyewitness Accounts of the Occupation*(Chicago: Haymarket Books, 2008)를 보시오.

파키스탄 ─ 미국 제국주의의 취약한 고리[*]

제프 브라운

이프티카르 초드리가 대법원장으로 복귀한다는 발표가 난 후에 파키스탄의 분위기는 말로 표현하지 못할 만큼 좋았다. 변호사들이 이끈 운동은 파키스탄 대통령 아시프 자르다리를 공포에 질리게 했고 통쾌한 승리를 거뒀다. 사람들은 흥에 겨워했다.

자르다리는 2008년 무샤라프 군부독재 종식 후 열린 선거에서 대통령으로 당선했다. 파키스탄 인민당의 지도자이자 자르다리의 부인인 베나지르 부토는 선거운동 중에 초드리의 복직을 약속했다. 초드리는 2007년 3월에 대법원장에서 해임됐다가 변호사들이 주도한 강력한 항의 운동 덕분에 7월에 복직했는데, 무샤라프는 11월에 다시 해임했다. 초드리는 무샤라프가 '테러와의 전쟁'과 민영화 정책을 추진하는 데 거치적거린다며 자신을 공격하

---

[*] 이 글은 G Brwon, "Pakistan on the Briak", *Socialist Reviw*(April, 2009)을 번역한 것이다.

는 데도 전임자들과는 달리 자진 사퇴하지 않았다.

초드리가 해임된 후 변호사들은 경찰들의 곤봉 세례를 받으면서도 파키스탄 전역의 고등법원 건물 밖에서 매주 규탄 집회를 조직했다. 변호사들은 인민당에게 자르다리의 대선 공약[초드리의 복직]을 지키라고 요구하며 수도 이슬라마바드로 행진하는 '대장정'을 벌이자고 호소했다. 자르다리는 수많은 변호사와 활동가를 체포했고 자신의 정적政敵이자 파키스탄 무슬림연맹PML-N의 지도자인 나와즈 샤리프를 가택 연금하고 탄압했다.

자르다리는 파키스탄 최대 주州인 펀자브의 주요 도로를 운송용 대형 컨테이너로 봉쇄했다. 3월 12일 새벽에 경찰은 카라치와 남부 도시 여러 곳에서 대장정을 시작하려던 변호사들과 활동가들을 공격했다. 모진 탄압을 뚫고 4000명 이상이 재집결지인 라호르 시市의 고등법원 앞으로 모여들었다. 그들은 난무하는 최루탄, 경찰들의 곤봉 세례, 연행에 맞서 돌을 던지며 싸웠다. 이 장면이 케이블 뉴스 방송에서 고스란히 보도됐다. 자르다리의 대책이 효과가 없자, 라호르 시의 고위 경찰관들이 사임하기 시작했고, 대장정이 연좌 농성으로 바뀐 3월 16일 오전 5시, 총리 유수프 길라니가 초드리의 복직을 발표했다.

이 승리는 아래로부터의 운동과 지배계급 내 분열을 모두 반영하는 것이었다. 지배계급 내 반목과 분열이 얼마나 컸던지 대법원이 파키스탄에서 가장 인구가 많고 중요한 주州인 펀자브의 총리 샤바즈 샤리프와 그의 형 나와즈의 공직 선거 출마를 가로막는 판결을 내릴 정도였다. 나와즈는 이에 응수해 대법원장의 복직을 요구하는 운동에 힘을 보탰다. 자르다리는 무샤라프가 헌법을 개정해 대통령에게 부여한 특별 권한을 초드리가 대법원장의 권한으로 폐지할까 봐 노심초사했다. 그러나 자신에게 가해진 압력, 특히 민간 원조로 매년 제공되는 15억 달러(약 2조 원)를 회수하겠다고 을러대는 미 국무장관 힐러리 클린턴의 압박 때문에 울며 겨자 먹기로 초드리의 복직을 승인했다.

자르다리는 인기를 급속하게 잃었다. 자신의 처 베나지르 부토의 암살 덕분에 동정표를 사 권좌에 앉긴 했지만, 부토가 총리를 두 번 역임하던 1990년대에 자르다리는 모든 국가 계약에 마수를 뻗쳐 "미스터 10퍼센트"*라는 별명이 붙을 만큼 탐욕스럽기로 유명했다. 부토와 자르다리의 복귀는 무샤라프 독재의 종식을 뜻할 뿐이었다. 그들은 막대한 부패 혐의를 피해 자발적으로 망명한 인물들이었다.

초드리는 독특하고 모순적인 인물이다. 파키스탄에는 사법부 독립의 전통이 없다. 그는 대법원장의 권한으로 '실종 사건'을 조사하며 막강한 권력을 가진 정보기관 요원들을 법정에 세워 많은 이들을 놀라게 했다. 초드리는 무샤라프의 죽마고우에게 터무니

---

* 국가 계약에 개입해서 '수수료' 명목으로 10퍼센트씩 가로채 이런 별명이 붙었다.

없이 낮은 가격으로 팔린 파키스탄 철강회사의 민영화 결정을 뒤
집기도 했다. 초드리는 '테러와의 전쟁'과 신자유주의를 전폭 지
지하기를 바라는 미국에게서 일정 정도 독립해야 한다는 무슬림
연맹 지도부를 포함한 파키스탄 지배계급 내 일부의 의견을 대변
한다. 이들은 자신들의 지위를 강화하기 위해서라면 대중행동을
고무하는 모험도 감수할 준비가 돼 있다.

파키스탄의 정치·경제 상황은 어느 때보다도 심각하다. 파키
스탄은 최근 몇 년간 연평균 7~8퍼센트 성장했다. 그러나 대부분
해외에서 들어온 핫머니와 은행의 고위험 대출 등 투기로 인한
성장이었다. 세계의 다른 나라들도 그렇듯이, 파키스탄 섬유산업
의 수출은 급감했고 주가는 폭락했다. 국제통화기금IMF이 70억
달러(약 9조 3000억 원)를 긴급 수혈해 줬지만 충분치 않은 듯하
다. 믿기 힘들겠지만 투기꾼들이 지원금을 요청해, IMF 수혈 자
금 중 10억 달러가 주식시장으로 흘러갔다. 이 얼토당토않은 상
황은 탐욕의 끝을 모르는 뻔뻔하고 부패한 파키스탄 지배계급의
실체를 잘 보여 준다. 국제투명성기구가 매년 발표하는 국제 부
패 실태 조사 결과를 보면, 파키스탄보다 부패한 나라는 나이지
리아밖에 없다. 노동자들에게는 노동권이 없고 경찰과 판사에게
는 뇌물을 먹여야 하고 물과 같은 자원을 누군가 몰래 빼돌리고
환경을 파괴한다는 점에서, 파키스탄은 산업혁명 초기의 영국과
비교해 더하면 더했지 덜하지는 않은 상황이다.

파키스탄의 빈곤과 불평등은 세계 최악이다. 인구 1억 6000만 명 가운데 3분의 1이 빈곤층이고 4분의 1은 5년 전보다 못산다. 파키스탄의 의료·교육·주택·복지는 정체 상태다. 마드라사(이슬람 종교학교)에서 교육받는 아이들이 많아졌지만, 이는 이슬람 정당들의 영향력이 강해져서가 아니라 마드라사 말고는 빈민의 자녀가 교육받을 곳이 없기 때문이다. 부자들이 체계적으로 탈세하고 그나마 있는 자원도 권력자들의 우선순위, 무엇보다 군대에 먼저 투입되기 때문에 출산 도중 산모 사망률이 매우 높다. 젊은 이들은 파키스탄에서 절망만을 보고, 다른 나라로 갈 수만 있으면 그렇게 한다.

정치도 마찬가지다. 파키스탄은 제국주의의 산물이다. 힌두교도와 무슬림 사이를 이간질한 대영제국의 '분리 지배' 정책 때문에 1947년에 파키스탄이 탄생했다. 파키스탄의 건국은 자신만의 국가를 갖고 싶어 하던 인도 북부에 기반을 둔 극소수 지주와 지식인 무슬림 중간계급의 이해관계와 부합했다. 통일된 상태였다면 중국보다 인구가 더 많았을 인도아대륙의 분할은 강대국들, 특히 1950년대 초부터 파키스탄에서 패권적 영향력을 행사한 미국에게 커다란 이익이었다.

미국과 파키스탄의 관계는 원조, 그중에서도 특히 군사원조를 통한 동맹 관계다. 그 결과 파키스탄에서 군대가 유력한 집단이 됐다. 지금까지 군부독재 정권이 네 번 집권했는데, 이는 파키스탄 역사의 절반을 차지하는 기간이다. 군대는 힘으로 특권을 지켰고 역사의 분수령마다 결정적 구실을 했다. 이번 위기 때도 마찬가지였다. 미 국무부의 조언을 들었기 때문이었겠지만, 군부는 이번 위기에 개입하지 않겠다고 공개적으로 선언했다.

물론 파키스탄은 미국의 꼭두각시가 아니다. 1970년대 민족주의자인 총리 줄피카르 부토 — 베나지르 부토의 아버지이자 부토 가문의 수장 — 는 핵무기 독자 보유의 첫발을 내디뎠다. 이 계획은 당시 미국 대통령 보좌관 헨리 키신저의 반대를 무릅쓰고 추진됐다. 오늘날 파키스탄은 핵무기를 보유한 아홉 나라 중 하나다.

파키스탄 국가의 핵심을 이루는 군사 기구의 힘이 막강하지만 "과연 파키스탄이란 나라가 유지될 수 있을까?" 하는 의문이 반복적으로 제기돼 왔다. 건국 25년 만에 파키스탄은 방글라데시[당시 이름은 동파키스탄]와 피비린내 나는 내전을 치렀고, 1971년에 방글라데시가 독립했다. 파키스탄에는 네 개 주州가 남았는데, 그 가운데 북서변경주NWFP, 발로치스탄 주, 신드 주에는 분리 독립 운동이 존재한다. 최근 몇 년 사이에 북서변경주와 국경 지대의 연방직할부족지역FATA에서 이슬람주의 무장 세력의 영향력이 빠르게 성장했다. 2002년부터 미군은 알카에다와 아프가니스탄에서 피난 온 탈레반을 제거하고 오사마 빈 라덴을 색출·사살한다는 명목으로 무인 폭격기를 동원해 이 지역을 폭격했다.

이 때문에 많은 민간인이 죽었고 사람들은 무장 저항 세력에

호감을 느끼게 됐다. 그러나 저항 세력에 대한 지지가 늘어난 것
이 단지 미군의 군사 공격 때문만은 아니었다. 파키스탄 군대도
민간인을 학살했고, 무능한 파키스탄 정부는 이 지역 사람들에게
적절한 경제·복지 혜택을 제공하지 못했다. 지진이라도 일어나
면 사람들은 카라치 같은 대도시로 이주하는 것 말고는 별다른
대안이 없었다.

동맹인 미국을 도와야 한다는 압력에 대응해, 또 미국의 군사
지원이 인도를 상대하는 데 사용되고 있지 않다는 것을 보여 주
려고 파키스탄 군대는 최근 북서변경주와 연방직할부족지역에서
대對테러 군사작전을 강화했다. 그 결과 이 지역 주민들과 심하
게 충돌했고 파키스탄 군대 일부가 투항하는 수모를 겪기도 했
다. 사실, 상당수의 파키스탄 군인은 이 군사작전을 탐탁지 않게
생각한다.

이런 군사작전은 2008년 8월에 수도 이슬라마바드에서 차로
몇 시간밖에 안 걸리는 아름다운 관광도시 스와트 공격에서 절정
에 달했다. 인민당과 무슬림연맹이 지지한 이 공격으로 몇 주 만
에 난민 40만 명이 생겨났다. 난민들은 살 곳을 찾아 파키스탄의
최대 도시 카라치로 피난했지만 카라치 시장은 난민들이 탈레반
을 유입한다며 그들을 공격했다. 최근 카라치에서 종족 간 분쟁
이 많이 벌어졌다는 점을 볼 때, 이 공격으로 난민 대학살이 초래
된 것은 당연하다. 수십 명이 살해됐고, 인구 1500만 명의 도시가

이틀 동안 폐쇄됐다.

군사전략이 완전히 실패하면서 자르다리는 반란 세력과 휴전에 합의하고 스와트 지역의 주민 160만 명에 대한 통치권을 탈레반이 주도하는 물라들에게 넘겨줘야 했다. 이제 스와트 지역은 샤리아 율법이 적용되면서 물라들이 사법부를 운영한다. 소녀들에게는 교육받을 권리가 제한되고, 여성들은 장 보러 가지도 못하고 심지어 교외 지역에서는 우물에서 물을 긷지도 못한다. 빈민들은 이런 푸대접을 받으려고 미국과 파키스탄 군대에 맞선 투쟁에서 탈레반의 주도권을 받아들인 것이 아니었다. 빈민들은 이제 탈레반에 분노한다.

미국과 파키스탄 합동 군사작전의 결과 오바마 정부 관리들이 편의상 "아프팍AfPak" 전쟁이라고 부르는 전쟁이 발생했다. 아프가니스탄과 파키스탄의 분쟁은 서로 떼어 내 생각할 수 없다. 데이비드 밀리밴드[영국 외교부 장관]가 워싱턴 방문 후에 말했듯이, 파키스탄이 안정되지 않으면 아프가니스탄이 안정될 리가 없다. 양국 국경은 19세기 영국의 식민지 총독이 제멋대로 그은 것이다. 아프가니스탄-파키스탄 국경을 따라 독립된 파슈툰 국가를 세우고 싶어 하는 파슈툰족들이나, 강제로 국경 조약에 서명한 아프가니스탄 정부는 예나 지금이나 이 국경선에 반대한다.

오바마는 이미 병력 수천 명을 아프가니스탄에 추가 배치했고, 이 수를 1만 7000명으로 늘리려 하고, 프랑스 스트라스부르

파키스탄 지도

에서 열리는 나토 정상회담에서는 동맹들에게 추가 파병을 강력히 요구했다. 오바마 정부가 말하는 방식이 조지 부시와 상당히 다르기는 하지만, 미국의 외교정책은 바뀐 것보다 유지되는 것이 더 많다. 미국이 실제로 비군사적 원조를 세 곱절로 늘리더라도 대중의 불만은 더 커질 것이다. 백악관이 파슈툰 독립국가 건설을 지지하는 안을 검토할 정도로 미국의 지위는 취약하다.

파키스탄에서 가장 크지만, 가장 가난하고 인구도 1000만 명으로 가장 적은 발로치스탄 주는 영국령 인도에 공식적으로는 속한 적이 없었다. 독립을 낙관하던 1947년에 파키스탄 군대가 이 지역을 침략해서 파키스탄 영토로 편입시켰다. 그때부터 항쟁이 계속 일어났고 잔혹하게 진압당했다. 1970년대에는 시위대 수만 명을 진압하려고 파키스탄 군대 8만 명이 투입됐다. 그래도 저항은 계속됐다. 2005년에는 수이 가스전에서 나오는 가스 공급망을 공격해 카라치 주민들이 숯으로 요리해야 했다. 이 사건은 가스전 개발로 발로치스탄 주민들에게 돌아간 혜택이 전혀 없음을 보여 주는 계기가 됐다. 이 와중에 발로치스탄 주민 수백 명이 정보기관과 접촉한 후 '실종'됐다.

파키스탄은 1947년부터 다섯 째 주州인 카슈미르에 대한 영유권을 주장하며 인도와 두 번 전쟁을 치렀고 모두 패배했다. 카슈미르는 여전히 인도-파키스탄 분쟁에서 주요 쟁점으로 남아 있다. 파키스탄 정보기관은 카슈미르의 인도 점령 지역에서 싸우고 있는 이슬람주의 조직을 훈련시키고 무기를 댔다. 카슈미르 전쟁은 인도-파키스탄 간 대리전이었다. 1988년에 오늘날 통제선으로 불리는 인도 관리 지역 휴전선에서 반란이 일어났고, 이를 계기로 카슈미르 지역에서 폭력이 증가했다. 분쟁 때문에 수만 명이 목숨을 잃었고, 힌두교도와 무슬림을 막론하고 많은 사람이 난민이 됐다. 파키스탄 국가는 카슈미르의 자결권을 부정한다. 한편 카슈미르에서는 이슬람주의자들이 지배적 세력이 됐고 많은 이슬람주의 단체들이 아프가니스탄에서 무자헤딘[전사들]을 영입하고 있다.

파키스탄의 원조를 받는 무슬림 단체 가운데 라슈카르이타이 바Lashkar-e-Taiba가 가장 유명한데, 아마 이들이 2008년 11월 뭄바이 테러를 저질렀을 것이고, 3월 스리랑카 크리켓 팀에 대한 테러도 십중팔구 이들의 책임일 것이다.

이슬람주의 단체들에 대한 지원은 카슈미르 개입에서 시작된 것이 아니다. 파키스탄 정보기관이 1980년대 아프가니스탄을 점령한 러시아 군대에 맞서 싸울 무자헤딘을 훈련하면서 시작됐다. 이 계획은 미국과 사우디아라비아의 도움을 받았는데, 당시 청년 실업가이던 오사마 빈 라덴이 양쪽에 다리를 놓아줬다. 이 전쟁으로 난민 100만 명이 파키스탄의 도시로 들어와 대규모 빈민촌을 형성하게 됐고, 칼라슈니코프*와 헤로인이 대거 유입됐다.

초드리를 복직케 한 운동은 파키스탄이 나아갈 길을 보여 줬다. 경찰 폭력이나 체포에도 굴하지 않고 싸우는 변호사들과 활동가들뿐 아니라, 2007년에 초드리가 복직을 요구하며 싸울 때 이를 지지하며 자발적으로 나선 수많은 사람들이 있다. 2007년 7월 초드리가 대장정을 시작했을 때 100만 명 이상의 환영 인파가 라호르에서 이슬라마바드에 이르는 거리를 가득 메웠다. 2006년 3월에 카라치에서 열린 세계사회포럼에도 3만 명이 참가해서 정의와 민주주의를 위한 투쟁의 잠재력이 크다는 것을 보여 줬고

---

* 러시아의 자동 소총 AK-47의 통칭.

반자본주의자들과 사회주의자들의 주장에 귀 기울이는 청중이 있음을 보여 줬다. 다른 곳과 마찬가지로 최근 역사에서 파키스탄 좌파가 약해졌지만, 1968년에 파키스탄의 첫 군부독재자 아이욥 칸을 몰아낸 노동자·학생 투쟁의 기억은 잊히지 않았다. 파키스탄 지배자들의 사분오열을 본다면, 그런 운동이 다시 일어나지 말라는 법은 없다.

미국 제국주의의 최전선
파키스탄의 새로운 재앙[*]

제프 브라운·아심 잔

[2009년] 5월 초순부터 버락 오바마의 '아프팍 전쟁' 전선은 인구가 150만 명이고 산악 지대인 파키스탄 스와트 지역으로 확대됐다. 파키스탄의 수도인 이슬라마바드에서 자동차로 몇 시간 걸리지 않는 스와트는 이른바 '파키스탄의 스위스'라고 불릴 만큼 아름다운 계곡 지대인데, 치안이 불안해지자 2년 전 이 지역의 모든 스키 리조트가 문을 닫았다. 아름다운 경관을 자랑하는 지역이지만, 부패한 지주들의 지배 때문에 주민들의 삶은 팍팍했다. 그래서 많은 사람이 더 나은 삶을 찾아 국내외 대도시로 이주했다.

급진 이슬람주의자들은 지난 25년간 이곳에서 천천히 입지를

---

[*] 이 글은 G Brown, A Jann, "Pakistan's New Catastrophe", *Socialist Review* (June, 2009)을 번역했다. 2009년 5월 미군과 파키스탄 군대가 스와트 지역에서 벌인 군사 공격으로 파키스탄의 정치 위기가 심화했다. 영국 사회주의 노동자당 활동가 제프 브라운이 상황을 개괄하고 카라치에서 활동하는 사회주의자 아심 잔한테서 군사 공격이 어떤 영향을 미칠지, 파키스탄의 좌파는 어떻게 대응하고 있는지 들어 봤다.

굳혀 갔다. 최근에 〈뉴욕 타임스〉는 급진 이슬람주의자들이 로빈 후드를 자처하며 대지주들을 겁줘서 대지주 일부는 도망쳤다고 보도했다. 이 지역 급진 이슬람주의자 중에서 가장 유명한 인물은 마울라나 파즐루라다. 그는 오토바이와 트럭에 송신기를 장착한 FM 라디오 지역 방송국을 차렸다. 파즐루라와 그의 동료들은 수십 개의 마을에 공식 법정에 대항하는 샤리아 법정을 세웠다. 그들은 딸을 학교에 보내거나 서구 음악을 듣는 사람들을 위협하기도 했다.

미국의 파키스탄 전쟁의 목표물은 알카에다다. 미국은 주로 무인 폭격기를 이용해 알카에다를 공격했다. 10여 차례에 걸친 폭격으로 알카에다 지도자 14명이 죽었고, 이 과정에서 민간인 700명이 목숨을 잃었다. [이라크 주둔 미군 사령관] 페트레이어스의 전前 참모 데이비드 킬컬런은 "적중률 2퍼센트에 부수 피해 98퍼센트는 전혀 도덕적이지 않다"고 말했다. 폭격이 자아낸 분노는 파즐루라와 그 지지자들에 대한 지지를 늘렸을 뿐 아니라, 파키스탄 군대의 전투력에도 영향을 끼쳤다. 많은 병사들은 파즐루라와 이슬람주의 민병대를 적으로 여기지 않는다. 병사들은 그들을 동료 파키스탄인이자 무슬림으로 여긴다.

1980년대 이들의 부모 세대 때 무자헤딘은 러시아의 침공에 맞서 싸웠고, 미국은 파키스탄이 무자헤딘을 훈련시키고 지원하도록 돈을 대 줬다. 파키스탄에 해마다 10억 달러씩 군사원조를 제공하더라도 미국이 파키스탄군에게 저항 세력 공격을 명령하기는 쉽지 않다. 그러나 군사 공격이 벌어지기 바로 직전인 지난 4월에 미 국무장관 힐러리 클린턴은 파키스탄인들이 이슬람 무장조직 때문에 "생존의 위협"을 받고 있으며, [그런데도] 파키스탄 정부가 "탈레반과 근본주의자들에게 타협"하고 있다고 비난했다. 파키스탄군이 저항 세력 섬멸에 나서는 것이 미국의 소망임을 분명히 한 것이었다.

제프 브라운 최근에 벌어진 공격의 배경을 설명해 주시겠습니까?

아심 잔 스와트 지역에 대한 첫 번째 군사 공격은 2007년 11월 무샤라프 정권 아래서 시작됐습니다. 당시 공격으로 90만 명이 난민이 됐지만 "국가의 권위를 세우겠다"던 목적은 이루지 못했습니다. 다시 말해 군사 공격에 반대하는 주민들의 저항을 분쇄하겠다는 목적을 달성하지 못했습니다.

두 번째 군사 공격은 2008년 7월에 시작됐는데, 이때는 아프가니스탄 접경의 바자우르와 키베르도 공격했습니다. 이 공격으로 스와트에서만 65만 명, 바자우르에서 45만 명의 난민이 생겼지만 작전은 실패했습니다.

세 번째 군사 공격은 2009년 4월 26일, 공식적 "군사행동 중지" 기간이 종료된 후에 북서변경주 정부가 지금은 무장해제한

옛 무장 단체 이슬람율법실행운동TNSM과 권력 분할 협정을 맺었
던 지역에서 시작됐습니다. 마드라사 소유주들이 이슬람율법실
행운동을 이끌었고, 이 단체는 1984년부터 이슬람 율법 실행을
주장했습니다. 이 운동을 통해 이맘*들이 스와트 지역의 지방법
원과 고등법원의 판사가 될 수 있는 권리를 갖게 됐습니다.

이슬람율법실행운동 같은 전투적 단체들을 분쇄해 지역 칸의
지배를 복원하려는 [파키스탄] 국가의 계획은 또 한 번 실패했습
니다. 옛 지배계급인 칸과 그 밖의 유지들의 경제력은 사라지고
있는데, 이는 신자유주의 정책으로 농업과 지방의 교역이 타격을
입었기 때문입니다. 반면에 새로 이 지역에 유입된 신흥 중간계
급은 땅을 매입하고 개발하는 데 열성일 뿐더러, 취약한 교육과
의료 분야에서 정부의 공백을 메우고 있습니다.

끔찍한 전쟁에 이어 불안정한 평화가 찾아왔습니다. 평화협정
에는 더 가난한 계급의 문제가 전혀 언급되지 않았습니다. 이슬람
율법실행운동은 옛 질서에 도전했다가도 결국 타협하는데, 이 운
동이 사회의 근본 모순인 계급 모순을 해결하려 하지 않기 때문입
니다. 제국주의에 맞서는 이슬람주의 저항 세력은 칸을 비판해서
하층민들의 호응을 얻기도 하지만, 그와 동시에 칸의 지배와 별로

---

* 　이슬람 교단의 지도자. 원래는 이슬람의 신앙생활과 의식에서 모범적인 지
　도자를 가리켰는데, 특히 수니파에서는 칼리프를, 시아파에서는 마호메트의
　사위인 알리의 직계 자손 가운데 학덕이 뛰어난 사람을 이렇게 부른다.

다를 것이 없는 또 다른 억압적 질서를 강요하고 있습니다.

군사적 교착 상태가 벌어졌기 때문에 평화협정이 체결됐습니다. 파키스탄군의 사상자 숫자가 크게 늘고 지역에서 저항이 커지고 군사작전 중단을 요구하는 대규모 시위가 거듭 일어난 결과였습니다. 아와미국민당ANP이 평화를 약속하며 북서변경주 선거에서 승리하기도 했고, 대중의 압력을 받아 평화협정을 중재했습니다.

그런데, 4월 말 갑자기 군대가 쳐들어왔습니다. 이 공격으로 250만 명이 난민이 됐습니다. 제가 활동하는 카라치의 노동계급 거주지 란디로 매일 난민들이 쏟아져 들어오고 있습니다. 골목마다 난민을 위한 구호시설이 세워졌고, 심지어는 군대의 공격을 지지하는 정당들도 구호 활동을 벌이고 있습니다.

제프 브라운 군대는 왜 지금 공격을 감행했을까요?

아심 잔 최근에 벌어진 스와트 공격은 북서변경주의 다른 지역과 접경지대의 부족자치구역에 대한 파키스탄 국가의 계속된 침략 시도와 맞닿아 있습니다. 이것은 9·11 이후 미국이 벌인 '테러와의 전쟁'에서 '최전선 국가' 구실을 하려는 데서 시작됐습니다. 그래서 파키스탄은 처음에는 와지리스탄을, 그 다음에는 쿠람과 바자르를 침공했는데, 2004년 전에는 이들 지역에서 한 번도 군사작전을 펼치지 않았습니다. 1969년에 스와트 지역이 파키스탄으로 편입될 때도 군대가 주둔하지 않는다는 조건이 붙었습니다.

이번 군사작전은 파키스탄 대통령 자르다리의 미국 방문과 동시에 이뤄졌습니다. 파키스탄 정부는 미국 제국주의의 압력을 받고 있지만, 동시에 토착 지배자들의 독자적 이익을 보호하는 방식으로 미국의 압력에 반응하고 있기도 합니다.

제프 브라운 탈레반은 어떻게 어느 정도의 대중적 지지를 얻게 됐습니까?

아심 잔 파키스탄의 사법 체계는 뿌리부터 썩었고 오직 권력자들의 이익을 위해서만 봉사합니다. 스와트 지역은 파키스탄에 편입되기 전인 군주정 국가였을 때 훨씬 더 효율적인 사법 체계를 보유하고 있었습니다. 파키스탄에 편입된 지 30년이 지난 후, 사람들은 옛 체제로 돌아가자고 주장하기 시작했습니다. 특히 이 지역의 주요 현안인 토지소유권 분쟁 문제를 해결해야 할 때 그런 요구가 더 강해집니다.

제프 브라운 파키스탄의 다른 지역의 반응은 어떻습니까?

아심 잔 스와트에서 권력을 잡고 나서 탈레반은 자신들에게 반대하거나 정부 편인 사람들을 잔혹하게 탄압하면서 부유한 지주들도 공격했습니다. 많은 사람들이 권위주의적 형태의 이슬람에 반대합니다. 당연히 자유주의 엘리트들도 극렬하게 반대합니다. 언론의 99퍼센트는 정부를 지지합니다. 그래서 사람들은 탈레반 수백 명을 사살했다는 따위의 국방부 대변인의 발표만 접할 수 있습니다. 이 문제에 대한 독립적 보도는 없습니다. 언론은 현재 벌어지는 극악무도한 전쟁 행위를 보도하지 않습니다. 대부분의 사람들이 [파키스탄군의] 군사작전을 지지하면서 '국가 속의 국가'가 있어서는 안 된다고 말합니다. 가장 중요한 문제는 사람들이 [군사작전의] 잔혹함을 인식하면서도 저희에게 이렇게 반문한다는 사실입니다. "그래서 무슨 말을 하고 싶은 거요? 다른 해결책이 있소?"

제프 브라운 좌파는 어떻게 대응하고 있습니까?

아심 잔 진정한 좌파는 매우 취약합니다. 우리는 활동하면서 종교 정당에 속한 사람들이 이 전쟁에 반대해 저항할 의지가 가장 강하다는 점을 발견했습니다. 그들은 이 전쟁이 제국주의 전쟁이라는 점을 명확히 알고 있습니다. 그러나 좌파들과 자유주의자들은 대단히 혼란스런 관점을 가지고 있습니다. 그들은 탈레반을 자신들의 자유를 빼앗아 갈 야만인으로 볼 뿐입니다.

둘째, 파키스탄에서 좌파는 대부분 노동 대중이 아니라 중간 계급 지식인들로 구성돼 있습니다. 이번 위기 때문에 지식인들은 얇은 진보적 껍데기를 벗어 버리고 자신들의 진정한 색깔을 드러 냈습니다. 그들은 이제 파키스탄 민족주의를 부르짖으며 "우리는 파키스탄을 지켜야 한다"고 말합니다. 이슬람화에 공포를 느낀 나머지 수많은 사람의 죽음을 합리화하고 있습니다.

전쟁에 반대하고 제국주의를 저지할 저항을 건설하려고 노력 할 때, 우리는 종교적 성향을 가졌으나 자맛 이 이슬라미Jamaat e Islami나 자미아트 이 울라마Jamiat e Ulama처럼 지도자들의 계급적 이익을 지키려고 국가와 타협하고 저항 세력을 공격하는 주류 종 교 정당에 신물 나기 시작한 사람들과 주로 만나게 될 것입니다. 우리가 이들과 함께 투쟁할 수 있다면, 종교적 성향이 있는 이들 도 나중에는 사회주의자가 될 것입니다.

제프 브라운 향후 전망은 어떻습니까?

아심 잔 파키스탄 정부는 이번 작전이 단기전이며 외과 수술처럼 될 것이라고 말했습니다. 지금 대중은 스와트 지역에서 피난 온 사람들을 돕는 활동에 매진하고 있습니다. 우리는 이런 사람들 사이에서 논쟁을 벌이고 있습니다. 지난 2주 동안 우리는 도심에 서 반전시위를 조직했습니다. 이제 우리는 파슈툰족이 대거 거주하는 란디 지역에 관심을 기울이고 있습니다. 우리는 정부의 전략이 장기적이며 전쟁이 수년간 이어질 것이라고 지적하고 있습니다. '우리가 이런 식으로 이 사람들을 계속 먹여 살릴 수 있을까?' 하고 문제를 제기하고 있습니다.

우리는 란디 지역에서 대규모 시위를 벌여 이 재난의 원인인 전쟁을 멈추라는 압력을 넣으려 합니다. 일부 사람들이 우리의 생각에 동의합니다. 다른 이들은 굶주리는 사람들을 돕고자 모금하는 데 매진하고 있습니다.

스와트에서 벌어지는 전쟁은 쉽사리 끝나지 않을 것입니다. 이것은 오랫동안 벌어질 게릴라전이며 북서변경주 전체로 확산될 수도 있습니다. 인도주의적 재난의 규모는 계속 커질 것입니다. 주요 대도시에서 대규모 시위가 일어나지 않으면 이 전쟁은 끝나지 않고 내전으로 비화할 수도 있습니다.